AF666312

Esoterische Abhandlung über hermetische Astrologie

Der Mensch ist in der Sexualität gekreuzigt

Samael Aun Weor

Verlag Heliakon

Verlag Heliakon

Übersetzung aus dem Spanischen
Original Titel: Tratado Esotérico de Astrologia Hermetica
Übersetzer: Osmar Henry Syring

Umschlaggestaltung: Verlag Heliakon

Druck und Vertrieb: BoD – Books on Demand

©2019 Verlag Heliakon
www.verlag-heliakon.de
info@verlag-heliakon.de

ISBN: **978-3-943208-53-5**

Das Werk, einschließlich aller seiner Teile, ist urheberrechtlich geschützt. Jede Verwertung ist ohne Zustimmung des Verfassers unzulässig.

Die Deutsche Nationalbibliothek verzeichnet diese Publikation in der Deutschen Nationalbibliografie; detaillierte bibliografische Daten sind im Internet über www.dnb.de abrufbar.

Inhaltsverzeichnis

Widder

(21. März bis 19. April)

Es existieren vier mögliche Bewusstseinszustände für den Menschen: der Schlaf, der Wachzustand, das Bewusstsein seiner selbst und das objektive Bewusstsein. Lieber Leser, stellen sie sich für einen Moment ein vierstöckiges Haus vor.

Das arme intellektuelle Tier, irrtümlicherweise Mensch genannt lebt normalerweise in den beiden unteren Stockwerken. Niemals aber in seinem Leben nutzt er die oberen Stockwerke.

Das intellektuelle Tier teilt sein schmerzhaftes und armseliges Leben auf, in den gewöhnlichen Schlaf und den irrtümlicherweise sogenannten Wachzustand, der lediglich eine andere Form des Schlafes ist.

Während der physische Körper in seinem Bett schläft, bewegt sich das Ego, eingekapselt in seine lunaren Körper, mit dem eingeschlafenen Bewusstsein wie ein Schlafwandler, frei in der molekularen Region. Das Ego in der molekularen Region projiziert Träume und lebt in ihnen.

Es existiert weder Logik, noch Stetigkeit, Ursache und Wirkung in seinen Träumen, alle psychischen Funktionen arbeiten ohne jegliche Richtung. Subjektive Bilder, vage, ungenaue, widersprüchliche Szenen tauchen auf und verschwinden.

Wenn das Ego, eingekapselt in seine lunaren Körper, zurückkehrt zum physischen Körper, wechseln wir in den zweiten Zustand des Bewusstseins, den sogenannten Wachzustand, der im Grunde nichts anderes ist als eine andere Form des Schlafes.

Sobald das Ego zu seinem physischen Körper zurückkehrt, fahren die Träume in seinem Inneren fort. Der sogenannte Wachzustand ist in Wirklichkeit Träumen mit offenen Augen.

Wenn die Sonne aufgeht, verbergen sich die Sterne, aber sie hören deshalb nicht auf zu existierten; genauso sind die Träume im sogenannten Wachzustand, sie setzten sich heimlich fort, sie hören nicht auf, zu existieren.

Das bedeutet, dass das intellektuelle Tier, irrtümlicherweise Mensch genannt, nur in der Welt der Träume lebt; mit Recht sagt der Dichter deshalb, dass das Leben nur ein Traum ist.

Das intellektuelle Tier fährt Auto, arbeitet in einer Fabrik, einem Büro, auf den Feldern, usw, während es träumt; es verliebt sich und heiratet, während es träumt; sehr selten ist es wirklich wach in seinem Leben, es lebt in einer Welt der Träume und ist fest davon überzeugt, wach zu sein.

Die vier Evangelien fordern das Erwachen, aber unglücklicherweise verraten sie nicht, wie man erwachen kann. Zuallererst ist es notwendig zu verstehen, dass man schläft; erst wenn man erkennt, dass man schläft, betritt man wirklich den Pfad des Erwachens.

Wer erwacht, wird sich seiner selbst bewusst, er erlangt das Bewusstsein seiner selbst. Der schlimmste Fehler, den viele unwissende Pseudoesoteriker und Pseudookkultisten begehen, ist anzunehmen, sie hätten Selbst-Bewusstheit und zu glauben, die ganze Welt wäre erwacht und alle Menschen besäßen Selbst-Bewusstheit.

Wenn alle Menschen ein erwecktes Bewusstsein hätten, wäre die Erde ein Paradies, es gäbe keine Kriege, kein mein oder dein, alles würde allen gehören, wir würden in einem goldenen Zeitalter leben. Wenn einer das Bewusstsein erweckt, wenn er sich seiner selbst bewusst wird, wenn er Bewusstsein seiner selbst erlangt, dann wird er wirklich die Wahrheit über sich selbst kennenlernen.

Bevor man nicht den dritten Bewusstseinszustand (die Selbst-Bewusstheit) erreicht hat, kennt man sich selbst nicht, auch wenn man glaubt, sich zu kennen.

Es ist dringend erforderlich, den dritten Bewusstseinszustand zu erreichen und hinaufzusteigen in den dritten Stock des Hauses, bevor man das Recht erhält, in den vierten Stock aufzusteigen. Der vierte Bewusstseinszustand, das vierte Stockwerk des Hauses ist wirklich wunderbar.

Nur derjenige, der das objektive Bewusstsein erreicht hat, den vierten Zustand, kann die Dinge an sich studieren und die Welt so sehen, wie sie ist.

Wer den vierten Stock des Hauses erreicht, ist ohne Zweifel ein Erleuchteter, der die Mysterien des Lebens und des Todes durch Erfahrung kennt, einer, der die Weisheit besitzt und dessen räumlicher Sinn vollkommen entwickelt ist.

Während des tiefen Schlafes können wir ein Aufblitzen des Wachzustandes erleben. Während des Wachzustandes können wir ein Aufblitzen der Selbst-Bewusstheit erleben. Während des Zustandes der Selbst-Bewusstheit können wir ein Aufblitzen des objektiven Bewusstseins erleben.

Wenn wir das Bewusstsein erwecken wollen, die Selbst-Bewusstheit, müssen wir hier und jetzt beginnen mit dem Bewusstsein zu arbeiten. Genau hier, in der physischen Welt ist der Ort, an dem wir arbeiten müssen, um das Bewusstsein zu erwecken; wer hier erwacht, der erwacht an jedem Ort und in allen Dimensionen des Universums.

Der menschliche Organismus ist ein lebender Tierkreis und in jeder seiner zwölf Konstellationen schläft das Bewusstsein tief.

Es ist dringend notwendig, das Bewusstsein in jedem der zwölf Teile des menschlichen Organismus zu erwecken und dafür sind die Übungen der Sternzeichen.

Widder regiert den Kopf; Stier, den Hals; Zwilling, die Arme, Beine und die Lunge; Krebs, die Thymusdrüse; Löwe, das Herz; Jungfrau, den Bauch, den Darm; Waage, die Nieren; Skorpion, die sexuellen Organe; Schütze, die großen Oberschenkelarterien; Steinbock, die Knie; Wassermann, die Waden; Fische, die Füße.

Es ist wirklich bedauerlich, dass dieser lebende Tierkreis des Mikrokosmos Mensch so tief schläft. Es ist unbedingt erforderlich, durch fürchterliche Überanstrengungen das Bewusstsein jedes unserer zwölf Sternzeichen zu erwecken.

Licht und Bewusstsein sind zwei Phänomene der gleichen Sache; ein niedriges Maß an Bewusstsein entspricht einem niedrigen Maß an Licht; ein höheres Maß an Bewusstsein, einem höheren Maß an Licht.

Wir müssen unser Bewusstsein erwecken, um jeden der zwölf Teile unseres eigenen mikrokosmischen Tierkreises zum Strahlen zu bringen. Unser gesamter Tierkreis soll sich in Licht und Glanz verwandeln.

Übung:

Die Arbeit mit unserem eigenen Tierkreis beginnt beim Widder.

Der Schüler soll sich auf einen bequemen Stuhl setzen, mit einem ruhigen und stillen Verstand, der frei von jeglichen Gedanken ist. Der Schüler soll seine Augen schließen, damit nichts von der äußeren Welt ihn ablenkt, er soll sich vorstellen, dass das reinste Licht des Widder sein Gehirn überflutet; er soll in diesem Zustand der Meditation bleiben, solange er will und dann das mächtige Mantram Aum singen, indem er den Mund beim A öffnet, ihn bei U rundet und beim M schließt.

Der Vokal A zieht die Kräfte des Vaters an, der Vokal U zieht die Kräfte des Sohnes an und der Vokal M zieht die Kräfte des Heiligen Geistes an.

AUM ist ein mächtiges logoisches Mantram.

Der Schüler soll dieses mächtige Mantram viermal während dieser Übung des Widders singen, sich dann in Richtung Osten erheben, seinen rechten Arm nach vorne strecken und seinen Kopf siebenmal nach vorne und siebenmal nach hinten bewegen, dann sieben Drehungen nach rechts, sieben Drehungen nach links; dies geschieht mit der Absicht, dass das Licht des Widders in unserem Gehirn arbeitet und die Zirbeldrüse und die Hypophyse erweckt, die uns erlauben die höheren Dimensionen des Kosmos wahrzunehmen.

Es ist dringen nötig, dass das Licht des Widders sich in unserem Gehirn entwickelt und unser Bewusstsein erweckt und die geheimen Mächte, die sich in der Zirbeldrüse und in der Hypophyse befinden, entwickelt. Widder ist das Symbol von Ra, Rama, dem Lamm.

Das mächtige Mantra **Ra** lässt, wenn es korrekt gesungen wird, die Feuer unseres Rückgrats sowie der sieben magnetischen Zentren unserer Wirbelsäule vibrieren. Hitler, dessen Sternzeichen Widder war, benutzte diese Energie in einer destruktiven Weise.

Trotzdem müssen wir zugeben, dass er diese Energie von Widder, bevor er dem Wahnsinn verfiel und die Menschheit in den zweiten Weltkrieg stürzte, in einer positiven Weise nutzte und dadurch das Niveau des deutschen Volkes erhöhte.

Durch direkte Erfahrungen können wir bestätigen, dass die Widder Geborenen in der Ehe sehr viel mit ihrem Partner kämpfen.

Der Widder Geborene hat eine Neigung zu Streit, es liegt in seiner Natur, sehr streitsüchtig zu sein.

Der Widder Geborene fühlt sich fähig, große Herausforderungen zu beginnen und zu einem guten Ende zu bringen.

Der Widder Geborenen macht den schweren Fehler, seine Willenskraft immer auf egoistische Weise zu nutzen, so wie Hitler, unsozial und destruktiv.

Der Widder Geborene liebt die Unabhängigkeit sehr, trotzdem gehen viel zum Militär, wo es keine Unabhängigkeit gibt. Beim Charakter des Widders herrscht Stolz, Selbstvertrauen, Ehrgeiz und eine verrückte Art von Mut vor.

Das Metall des Sternzeichens Widder ist Eisen, der Stein ist Rubin, die Farbe ist rot und das Element ist Feuer. Für den Widder Geborenen eignet sich für die Ehe ein Partner mit dem Sternzeichen

Waage, weil Feuer und Luft sich gut verstehen. Wenn der Widder Geborene glücklich in der Ehe sein will, muss er den Defekt des Zornes auslöschen.

Stier

(20. April bis 19. Mai)

Weil Stier das Sternzeichen ist, das den schöpferischen Kehlkopf regiert, diese wunderbare Gebärmutter, in der das Wort erschaffen wird, wäre es angebracht, dass wir in dieser Lektion die Worte des Heiligen Johannes verstehen, als er sagte:

Am Anfang war das Wort, und das Wort war bei Gott, und das Wort war Gott. Dieses war im Anfang bei Gott. Alles wurde durch dasselbe und ohne dasselbe wurde auch nicht eines, das geworden ist.

Es existieren sieben Weltordnungen, sieben Kosmen, die mit der Macht des Wortes, mit der Musik, mit dem Klang erschaffen wurden.

Der erste Kosmos befindet sich versunken im unerschaffenen Licht des Absoluten.

Der zweite Kosmos wird gebildet durch alle Welten des unendlichen Alls.

Die dritte Ordnung der Welten wird gebildet durch alle Sonnen des sternenbesäten Alls.

Die vierte Ordnung der Welten ist die Sonne, die uns mit all ihren Gesetzen und Dimensionen beleuchtet.

Die fünfte Ordnung der Welten ist zusammengesetzt aus allen Planeten unseres Sonnensystems.

Die sechste Ordnung der Welten ist die Erde selbst, mit ihren sieben Dimensionen und Regionen, die von unendlich vielen Wesen bewohnt ist.

Die siebte Ordnung der Welten wird gebildet durch all diese konzentrischen Sphären oder höllischen Welten des niederen Mineralreichs, das sich unter die Oberfläche der Erde befindet.

Die Musik, das Wort, das vom Logos in sieben musikalischen Oktaven unterteilt wurde, hält das Universum auf seinem Weg.

Erste Ordnung der Welten, Note C.

Zweite Ordnung der Welten, Note H.

Dritte Ordnung der Welten, Note A.

Vierte Ordnung der Welten, Note G.

Fünfte Ordnung der Welten, Note F.

Sechste Ordnung der Welten, Note E.

Siebte Ordnung der Welten, Note D.

Danach kehrt alles zum Absolut zurück mit der Note C.

Ohne die Musik, ohne das große Wort wäre die wunderbare Existenz der sieben Kosmen unmöglich.

C - D - E - F - G - A - H -- H - A - G - F - E - D - C

Die sieben Noten der große Tonleiter des schöpferischen Wortes erklingen in allem Erschaffenen, denn am Anfang war das Wort.

Die erste Ordnung der Welten wird weise durch ein einziges Gesetz regiert, durch das große Gesetz.

Die zweite Ordnung der Welten wird durch drei Gesetze regiert.

Die dritte Ordnung der Welten wird durch sechs Gesetze regiert.

Die vierte Ordnung der Welten wird durch zwölf Gesetze regiert.

Die fünfte Ordnung der Welten wird durch vierundzwanzig Gesetze regiert.

Die sechste Ordnung der Welten wird durch achtundvierzig Gesetze regiert.

Die siebte Ordnung der Welten wird durch sechsundneunzig Gesetze regiert.

Wenn man über das Wort spricht, spricht man auch über den Klang, die Musik, die Rhythmen, das Feuer mit seinen drei Takten des Mahavan und Chotavan, die das Universum auf seinem Weg halten.

Die Pseudookkultisten und Pseudoesoteriker erwähnen nur den Mikrokosmos und den Makrokosmos; sie erwähnen nur zwei Weltordnungen, obwohl es in Realität sieben Kosmen sind, sieben Weltordnungen, die durch das Wort, durch die Musik, durch das leuchtende und spermatische „Fiat" des ersten Augenblicks unterstützt werden.

Jeder dieser sieben Kosmen ist zweifellos ein lebendiger Organismus, der atmet, fühlt und lebt. Aus Sicht der Esoterik können wir versichern, dass jede Entwicklung nach oben das Resultat eines Schrittes nach unten ist.

Man kann nicht aufsteigen, ohne hinunterzugehen. Erst müssen wir hinuntergehen und dann aufsteigen.

Wenn wir einen Kosmos kennenlernen wollen, müssen wir zuerst die beiden Danebenliegenden kennenlernen, der darüberliegende und der darunterliegende, denn beide bestimmen alle Umstände und vitale Phänomene des Kosmos, den wir studieren, kennenlernen wollen.

Zum Beispiel: In dieser Epoche, in der die Wissenschaftler um die Eroberung des Weltraums kämpfen, werden bedauerlicherweise große bösartige Fortschritte auf dem Gebiet des unendlich Kleinen gemacht, in der atomaren Welt.

Die Erschaffung der sieben Kosmen war nur durch das Wort möglich, durch die Musik.

Unsere gnostische Schüler sollten niemals vergessen, was die drei Kräfte, genannt Vater-Sohn-Heiliger Geist, sind.

Diese drei Kräfte bilden das heilige Triamazikamno.

Das ist die heilige Bejahung, die heilige Verneinung, die heilige Versöhnung. Der heilige Gott, der heilige Beständige, der heilige Unsterbliche.

In der Elektrizität sind das die positiven, negativen, neutralen Pole.Ohne die Unterstützung dieser drei Pole ist die gesamte Schöpfung unmöglich.

In der gnostischen esoterischen Wissenschaft haben die drei unabhängigen Kräfte folgende Namen: Surp Otheos, Surp Skiros, Surp Athanatos.

Die antreibende, bejahende, positive Kraft. Negative Kraft, Kraft der Verneinung, Kraft des Widerstands. Kraft der Versöhnung, Kraft der Befreiung, neutralisierende Kraft.

Diese drei Kräfte im Strahl der Schöpfung ähneln drei Kräften des Willens, des Bewusstseins, der Einheit.

Jeder diese drei Kräfte enthält in sich alle Möglichkeiten aller drei.

Aber an dem Punkt der Verbindung, manifestiert jede von ihnen nur sein Prinzip: das Positive, das Negative oder das Neutrale.

Es ist sehr interessant, die drei Kräfte in Aktion zu sehen: sie trennen sich, entfernen sich voneinander und treffen wieder zusammen, um neue Dreieinigkeiten zu bilden, die neue Welten, neue Schöpfungen entstehen lassen.

Im Absoluten sind die drei Kräfte der eine Logos, die Armee der Stimme, innerhalb der großen Einheit des Lebens, das frei in seiner Bewegung ist.

Der schöpferische Prozess des heiligen allgemeinen kosmischen Triamazikamno begann mit der sexuellen Verbindung des Wortes, denn *Am Anfang war das Wort, und das Wort war bei Gott, und das Wort war Gott.*

Alles ist durch dieses geworden, und ohne es wurde auch nicht eines von dem, was geworden. (Joh. 1:3)

Im Einklang mit dem heiligen Gesetz des Heptaparaparshinok (das Gesetz der Sieben), wurden sieben Tempel im Chaos errichtet, um das Sonnensystem aufzubauen.

Im Einklang mit dem heiligen Gesetz des Triamazikamno (das Gesetz der Drei), teilten sich die Elohim in drei Gruppen in jedem Tempel, um gemäß der Liturgie des Feuers zu singen.

Die Arbeit um Prakriti, d. h., das Chaos, die kosmische Mutter, den großen Schoß zu befruchten, ist immer das Werk des sehr heiligen Teomertmalogos, der dritten Kraft.

In Inneren jedes Tempels haben sich die drei Gruppen so geordnet: erstens ein Priester, zweitens eine Priesterin, drittens eine neutrale Gruppe von Elohim.

Wenn wir berücksichtigen, dass die Elohim androgyn sind, dann ist es klar, dass sie sich willentlich in eine männliche, weibliche und neutrale Form polarisieren können, gemäß dem heiligen allgemeinen kosmischen Gesetz des Triamazikamno.

Der Priester und die Priesterin vor dem Altar und auf der unteren Ebene des Tempels der androgyne Chor der Elohim.

Die Rituale des Feuers wurden gesungen und die sexuelle Vereinigung des Wortes hat den großen Schoß des Chaos befruchtet und das Universum wurde geboren.

Die Engel erschaffen mit der Macht des Wortes.

Der Kehlkopf ist eine Gebärmutter, in der das Wort entsteht.

Wir müssen das Bewusstsein im Wort erwecken, im schöpferischen Kehlkopf, damit wir eines Tages auch das leuchtende und spermatische Fiat des ersten Augenblicks aussprechen können.

Das Bewusstsein schläft in unserem Kehlkopf, wir sind unbewusst mit dem Wort, es ist notwendig, das wir uns des Wortes vollkommen bewusst werden.

Man sagt, dass Schweigen Gold ist. Wir sagen, dass es kriminelles Schweigen gibt. Es ist genauso schlecht, zu sprechen, wenn man schweigen sollte, wie zu schweigen, wenn man sprechen sollte.

Manchmal ist Sprechen ein Verbrechen. Manchmal ist auch Schweigen ein Verbrechen.

Ähnlich wie eine schöne Blume, voller Farben und Düfte, sind die Worte von demjenigen, der nicht in Übereinstimmung mit dem, was er sagt, handelt, schön aber unfruchtbar.

Aber ähnlich wie eine schöne Blume, voller Farben und Gerüche, sind die Worte von jemandem, der in Übereinstimmung mit dem was er sagt, handelt, schön und fruchtbar.

Es ist dringend notwendig, mit der Mechanizität des Wortes aufzuhören; es ist notwendig, mit Genauigkeit zu sprechen, auf bewusste und angebrachte Weise.

Wir müssen uns über das Wort bewusst werden.

Es gibt eine Verantwortung in Bezug auf die Worte und mit den Worten zu spielen, ist ein Sakrileg.

Niemand hat das Recht, andere zu richten; es ist absurd, den Nächsten zu verleumden; es ist dumm, das Leben der Anderen zu kritisieren.

Die kriminellen Worte fallen früher oder später auf uns zurück, wie ein Blitz der Rache.

Die verleumderischen gemeinen Worte kehren immer wieder zu denen zurück, die sie ausgesprochen haben, und verwandelten sich in Steine, die verletzen.

In anderen Zeiten, in denen die Menschen noch nicht so mechanisiert waren, wie in dieser falschen Zivilisation, brachten die Rinderhirten das Vieh in den Stall, indem sie anmutig und natürlicher sangen.

Der Stier, die Kuh und das Kalb werden durch die Musik bewegt; sie entsprechen dem Sternzeichnen Stier, der Konstellation des Wortes, der Musik.

In der großen Allegorie der Puranas, verfolgt Prithu die Erde und diese flüchtet, indem sie sich in eine Kuh verwandelt und sich in Brahma versteckt.

Aber Brahma ist die erste Person der indischen Dreieinigkeit.

Vach, die Kuh, ist die Zweite, und Virah, der heilige Mann, das Kalb, ist der Kabir, der Logos, die dritte Person.

Brahma ist der Vater; die Kuh ist die heilige Mutter, das Chaos; das Kalb oder Kabir ist der Logos.

Vater, Mutter, Sohn das ist die Dreieinigkeit der Puranas.

Der Vater ist Weisheit, die Mutter ist Liebe, der Sohn ist der Logos, das Wort.

Die astrale Kuh mit fünf Beinen, die Coronel Olcott glaubte physisch gesehen zu haben vor dem wunderbaren Hypogäum von Kahli, diese seltsame und mysteriöse Kuh, die ein Bergmann in den Anden gesehen hat, als exotische Wächterin jener Schätze, die die Bergarbeiter auf seine Farm suchten, stellt die heilige Mutter, Rea, Cibele dar, vollkommen entwickelt im wahren Menschen, im selbstverwirklichten Meister.

Gautama der Buddha oder Gotama, bedeutet wörtlich der Kuhhirte. Jeder Viehtreiber, jeder Kuhhirte darf das jainisches Feuer der Kuh benutzen, um die Länder, Paläste, Tempel und Städte des Jinas zu betreten.

Mit der Macht der heiligen Mutter können wir Agarthi besuchen, die Jinas Städte der unterirdischen Welt. Stier ladt uns zum Nachdenken ein …

Erinnern wir uns, dass Merkur die Kühe der Sonne gestohlen hat.

Stier regiert den schöpferischen Kehlkopf.

Es ist dringend notwendig, dass Kundalini, Wort geworden, auf unseren fruchtbaren Lippen erblüht, nur so können wir das jainisches Feuer nutzen, um in das Reich von Jinas einzutreten.

In diese Zeit des Stiers sollten wir Licht zu unserem schöpferischen Kehlkopf bringen, um ihn auf die Ankunft des Feuers vorzubereiten.

Übung:

Der Schüler soll sich in einen bequemen Sessel setzen, die physischen Augen schließen, damit nichts aus dieser eitlen und törichten Welt ihn ablenkt, den Verstand leeren, alle Arten von Gedanken, Wünschen, Sorgen, usw., aus seinem Verstand entfernen.

Er soll sich nun vorstellen, dass das Licht, das sich während des Sternzeichens Widder in seinem Kelch, in seinem Kopf gesammelt hat, im Sternzeichen Stier zum schöpferischen Kehlkopf wandert.

Der Schüler soll das Mantram Aum singen.

Er soll den Mund beim Buchstabe A weit öffnen und sich vorstellen, wie das Licht vom Kopf zum Kehlkopf wandert.

Er soll das U vokalisieren und sich lebhaft vorstellen, dass das Licht die Kehle überflutet; er soll den Mund runden, um das U zu singen.

Der letzte Buchstabe ist das M, bei dem man die Lippen schließt, die Luft kräftig ausstößt, als ob man Schlacke aus dem Hals beseitigen wollte.

Diese Arbeit führt man aus, indem man das mächtige Mantram Aum vier Mal singt.

In der Schilddrüse wird das biologische Jod gebildet, hier befindet sich das magnetische Zentrum des magischen Ohrs.

Mit den Übungen des Sternzeichens Stier entwickeln wir das magische Ohr, die Macht kosmische Symphonien, die Musik der Sphären, die Rhythmen des Feuers zu hören, welche die sieben Kosmen stützen, gemäß dem Gesetz der Oktaven.

Die Schilddrüse befindet sich im Hals, im schöpferischen Kehlkopf.

Die Schilddrüsen werden von Venus regiert und die Nebenschilddrüsen werden von Mars regiert.

In der Praxis konnten wir zeigen, dass die Stier Geborenen sich nicht mit Menschen des Sternzeichens Wassermann vermählen sollen, weil sie unvermeidlich scheitern würden, wegen der Unverträglichkeit der Charaktere. Das Sternzeichen Stier ist fix, gehört dem Element Erde an, neigt zur Stabilität, und weil das Sternzeichen Wassermann zu Luft gehört, beweglich, revolutionär ist, ist es offensichtlich, dass sie unverträglich sind.

Die Stier Geborenen sind wie der Ochse, sanft und arbeitsam, aber wenn sie wütend werden, sind sie schrecklich wie der Stier.

Die Stiere erleiden in ihren Leben große Enttäuschungen in der Liebe, sie sind zurückhaltend, konservativ, gehen einen Schritt nach dem anderen, wie der Ochse auf dem vorgezeichneten Weg.

Die Stiere sind sehr empfindlich; der Zorn in den Stieren wächst langsam und gipfelt in starken vulkanischen Ausbrüchen.

Der mittelmäßige Typ des Stieres kann sehr egoistisch, gefräßig, streitsüchtig, leidenschaftlich, zornig, hochmutig sein.

Der höhere Typ des Stiers ist voller Liebe, liebt die klassische Musik, die Weisheit, arbeitet mit Freude für die Menschheit, ist sehr intelligent, verständnisvoll, treu und ehrlich in die Freundschaft, ein guter Vater, eine gute Mutter, ein guter Freund, guter Bruder, guter Bürger, usw.

Die mystische Größe des mithraischen Stiers, die von den oberflächlichen Menschen dieser finsteren Epoche des XX. Jahrhunderts nicht verstanden wird, degeneriert später in die Anbetung des goldenen Kalbes.

Die heilige Kuh symbolisiert Isis, die heilige Mutter und ihr Kalb repräsentiert Merkur, den Botschafter der Götter, den Kabir, den Logos.

Zum Sternzeichen Stier gehören esoterischerweise die Plejaden, die Kälbchen oder himmlischen Kühe; die Letzteren scheinen sieben zu sein, aber in Realität sind es über zweitausend, mit ihrem Maja-Nebel, ihrem Hauptstern Alcyone und ihren Begleitern Atlas, Taigete, usw.

Um das rote Auge des Stiers, Aldebaran, dem einzigen, der sich zusammen mit Antares, dem Herz des Skorpion, mit der Farbe von Mars messen kann, gruppieren sich auf außergewöhnliche und wunderbare Weise die teleskopisch kleinen Hyaden, eine weitere himmlische Herde.

Hinter dem Stier kommt der riesige Orion.

Nördlich und über der Konstellation Stier existiert diese himmlische Gruppe, Symbol des Königs Kepheus oder Cepheus der Königin Kassiopeia, des Befreiers Perseus mit dem Kopf der Medusa in den Händen und Andromeda, der Befreiten; während sich davor der Wal, umgeben von den Zeichen Fisch und Wassermann befindet.

Das panoramische Bild von Stier und seinen siderischen benachbarten Regionen ist wirklich erstaunlich.

Zwillinge

(20. Mai bis 20. Juni)

Die Identifikation und die Faszination führen zum Schlaf des Bewusstseins.

Beispiel: Ihr geht ruhig durch eine Straße; plötzlich trefft ihr auf eine öffentliche Kundgebung; die Menge schreit, die Führungspersönlichkeiten sprechen, die Fahnen flattern in der Luft, die Leute benehmen sich wie Verrückte, alle sprechen, alle schreien.

Diese öffentliche Kundgebung ist sehr interessant; schon hab ihr vergessen, was ihr tun wolltet, ihr habt mit der Menge identifiziert, die Worte der Sprecher haben euch überzeugt.

Die öffentliche Kundgebung ist so interessant, dass ihr euch selbst vergessen habt; ihr habt euch so sehr mit dieser Straßen Kundgebung identifiziert, dass ihr an nichts anderes denkt, ihr seid fasziniert und fallt in den Schlaf des Bewusstseins.

Mitten in der Menge, die schreit, schreit ihr auch und werft sogar mit Steinen und Schimpfworten; ihr träumt tief und fest, ihr wisst nicht mehr, wer ihr seid, ihr habt alles vergessen.

Stellen wir uns ein anderes Beispiel vor: ihr seid in eurem Wohnzimmer vor dem Fernseher, es erscheinen Szenen mit Cowboys, es gibt eine Schießerei, Dramen mit Verliebten, usw., usw.

Der Film ist sehr interessant, er hat eure Aufmerksamkeit vollkommen auf sich gezogen, ihr habt euch schon so sehr selbst vergessen, dass ihr begeistert schreit, ihr seid identifiziert mit den Cowboys, mit dem verliebten Paar.

Die Faszination ist jetzt auf dem Höhepunkt, ihr erinnert euch nicht im Entferntesten an euch selbst, ihr seid in einen tiefen Schlaf gefallen, in diesem Augenblick ist das Einzige, was ihr sehen wollt, der Sieg des Helden, ihr freut euch mit ihm, ihr sorgt euch, was mit ihm geschieht.

Es gibt Tausende und Millionen Situationen, die Identifikation, Faszination und Schlaf erzeugen. Die Leute identifizieren sich mit den Personen, Dingen, Ideen, und jeder Art von Identifizierung folgen die Faszination und der Schlaf.

Die Leute leben mit eingeschlafenem Bewusstsein, arbeiten träumend, steuern träumend Fahrzeuge und töten die Fußgänger, die träumend durch die Straßen gehen, versunken in ihre eigenen Gedanken.

Während des Schlafes des physischen Körpers verlässt das Ego (Ich) den physischen Körper und nimmt seine Träume überall mit, wohin er geht.

Wenn er zum physischen Körper zurückkehrt, wenn wieder in den Wachzustand eintritt, fährt er mit den gleichen Träumen fort und so verbringt er sein ganzes Leben träumend.

Personen, die sterben, hören auf zu existieren, aber das Ego, das Ich, existiert weiter in den feinstofflichen Regionen jenseits des Todes.

In der Stunde des Todes nimmt das Ego seine Träume, seine Weltlichkeit mit, und lebt in der Welt der Toten mit seinen Träumen, es träumt weiter, mit eingeschlafenem Bewusstsein, wandelt umher wie ein eingeschlafener Schlafwandler, unbewusst.

Wer das Bewusstsein erwecken will, muss hier und jetzt arbeiten. Unser Bewusstsein ist inkarniert und für dieses sollten wir hier und jetzt arbeiten.

Wer das Bewusstsein hier auf dieser Welt erweckt, erwacht in allen Welten.

Wer in dieser dreidimensionalen Welt das Bewusstsein erweckt, erwacht in der vierten, fünften, sechsten, siebten Dimension.

Wer bewusst in den höheren Welten leben will, muss hier und jetzt erwachen. Die vier Evangelien bestehen auf der Notwendigkeit zu erwachen, aber die Leute verstehen es nicht.

Die Leute schlafen tief, aber sie glauben wach zu sein, wenn jemand akzeptiert, dass er eingeschlafen ist, ist das ein klares Zeichen, dass er beginnt, zu erwachen.

Es ist sehr schwierig, andere dazu zu bringen, dass sie verstehen, dass ihr Bewusstsein eingeschlafen ist; die Leute akzeptieren nie die fürchterliche Wahrheit, dass sie eingeschlafen sind.

Wer Bewusstsein erwecken will, muss die innerliche Erinnerung an sich selbst von Augenblick zu Augenblick üben. Sich von Augenblick zu Augenblick an sich selbst zu erinnern, ist in der Tat eine anstrengende Arbeit.

Es genügt ein Moment, ein Augenblick des Vergessens um wieder tief und fest zu träumen.

Wir müssen dringend unsere Gedanken, Gefühle, Wünsche, Emotionen, Gewohnheiten, Instinkte, sexuelle Impulse bewachen.

Jeder Gedanke, jede Emotion, jede Bewegung, jede instinktive Handlung, jeder sexuelle Impuls, muss sofort beobachtet werden, wenn sie in unserer Psyche auftauchen; jede Nachlässigkeit unserer Aufmerksamkeit genügt, um in den Schlaf des Bewusstseins zu fallen.

Viele Male gehst du durch die Straßen, in deine eigenen Gedanken vertieft, identifiziert mit diesen Gedanken, fasziniert, tief träumend; plötzlich kommt ein Freund vorbei, er grüßt dich, du antwortest ihm nicht, weil du ihn nicht siehst, du träumst; der Freund wird ärgerlich, er glaubt, dass du eine unhöfliche Person bist oder dass du möglicherweise verärgert bist, der Freund träumt auch, denn wenn er wach wäre, würde er solche Vermutungen nicht anstellen, er würde sofort erkennen, dass du schläfst.

Wie viele Male irrt ihr euch an der Tür und klopft an, wo ihr nicht anklopfen solltet, weil ihr eingeschlafen seid.

Du bist in einem öffentlichen Transportmittel der Stadt, du musst bei einer bestimmten Straße aussteigen, aber du bist identifiziert, fasziniert, träumst tief von einem Geschäft oder von einer Erinnerung oder von einem Gefühl und plötzlich bemerkst du, dass du die Straße verpasst hast, du steigst aus und musst ein paar Straßen zurücklaufen.

Es ist sehr schwierig, sich von Moment zu Moment wach zu halten, aber es ist unbedingt erforderlich. Wenn wir lernen, von Moment zu Moment wach zu leben, dann hören wir auf, hier und außerhalb des Körpers zu schlafen.

Es ist notwendig zu wissen, dass die Leute, wenn sie schlafen ihre Körper verlassen, aber ihre Träume mitnehmen, sie leben schlafend in den Unterwelten, und wenn sie in den physischen Körper zurückkehren, träumen sie weiter.

Wenn man lernt, wach von Moment zu Moment zu leben, hört man auf, hier und in den inneren Welten zu träumen.

Es ist notwendig, zu wissen, dass das Ego (Ich) den physischen Körper eingekapselt in seine lunaren Körper verlässt, wenn dieser schläft; unglücklicherweise lebt das Ego eingeschlafen in den inneren Welten.

In den lunaren Körpern befindet sich außer dem Ego, das was man Essenz, Seele, Bruchteil der Seele, Buddhata, Bewusstsein nennt.

Es ist dieses Bewusstsein, das wir hier und jetzt erwecken müssen. Hier, in dieser Welt, ist unser Bewusstsein, hier müssen wir sie erwecken, wenn wir tatsächlich aufhören wollen, zu träumen und bewusst in den höheren Welten leben wollen.

Eine Person mit erwachtem Bewusstsein lebt, arbeitet, handelt bewusst in die höheren Welten, während ihr Körper im Bett ausruht.

Eine bewusste Person hat kein Problem mit der Verdoppelung, das Problem, sich willentlich zu verdoppeln existiert nur für die eingeschlafenen.

Eine erwachte Person kümmert sich nicht darum, zu lernen sich zu verdoppeln, sie lebt bewusst in den höheren Welten, während ihr Körper im Bett schläft.

Eine erwachte Person träumt nicht mehr, während der Körper ausruht, lebt sie mit erwachtem Bewusstsein in diesen Regionen, in denen die Leute eingeschlafen leben.

Eine erwachte Person hat Kontakt mit der weißen Loge, sie besucht die Tempel der großen universellen weißen Bruderschaft, sie spricht mit ihrem Guru Deva, während ihr Körper schläft.

Der räumliche Sinn schließt Sehen, Hören, Riechen, Schmecken, Tasten, usw., ein. Der räumliche Sinn ist die Fähigkeit des erwachten Bewusstseins. Die Chakren, von denen die okkultistische Literatur spricht, sind in Bezug auf den räumlichen Sinn das, was die Flamme eines Streichholzes in Bezug auf die Sonne ist.

Obwohl die innerliche Erinnerung an sich selbst, von Moment zu Moment, die Grundlage für das Erwecken des Bewusstseins ist, ist nicht weniger wichtig, die Aufmerksamkeit zu beherrschen.

Die gnostischen Schüler müssen lernen, die Aufmerksamkeit in drei Teile zu teilen: Subjekt, Objekt, Ort.

Subjekt.

Man darf sich in keiner Situation selbst vergessen.

Objekt.

Man soll jede Sache, jede Situation, jede Tat, jedes Ereignis im Detail beobachten, so unbedeutend es auch sein mag, ohne sich selbst zu vergessen.

Ort.

Die genaue Beobachtung des Ortes, an dem wir uns befinden, indem wir uns selbst fragen: Was für ein Ort ist das? Warum bin ich hier?

Bei diesem Faktor des Ortes, sollten wir die Frage der Dimension einbeziehen, denn es könnte der Fall sein, dass wir uns tatsächlich in der vierten oder fünften Dimension der Natur befinden, während des Moments der Beobachtung; erinnern wir uns daran, dass die Natur sieben Dimensionen hat.

In der dreidimensionalen Welt herrscht das Gesetz der Schwerkraft. In den höheren Dimensionen der Natur existiert das Gesetz der Levitation.

Wenn wir einen Ort beobachten, sollten wir niemals die Frage der sieben Dimensionen der Natur vergessen; wir sollten uns dann selbst die Frage stellen: In welcher Dimension befinde ich mich? Und dann ist es notwendig, als Beweis, einen Sprung zu machen, der so groß wie möglich ist, mit der Absicht, zu schweben.

Es ist logisch, dass wir uns außerhalb des physischen Körpers befinden, wenn wir schweben.

Wir dürfen nie vergessen, dass, wenn der physische Körper schläft, das Ego mit den lunaren Körpern und der Essenz darin unbewusst, wie ein Schlafwandler in der molekularen Welt wandelt.

Die Teilung der Aufmerksamkeit zwischen Subjekt, Objekt, Ort führt zum Erwachen des Bewusstseins.

Viele gnostische Studenten machten schließlich, nachdem sie sich an diese Übung gewöhnt haben, an diese Teilung der Aufmerksamkeit in drei Teile, an diese Fragen, an diesen kleinen Sprung, usw., während des Wachzustandes, von Moment zu Moment, die gleiche Übung während des Schlafes des physischen Körpers, wenn sie tatsächlich in den höheren Welten waren; und als sie den berühmten experimentellen Sprung machten, schwebten sie wunderbar in ihrer Umgebung; so erweckten sie das Bewusstsein, so erinnerten sie sich, dass der physische Körper schlafend im Bett geblieben ist und voller Freude konnten sie sich dem Studium der Mysterien des Lebens und des Todes in den höheren Dimensionen widmen.

Es ist nur logisch zu sagen, dass eine Übung, die man in jedem Augenblick praktiziert, tagtäglich, die sich in eine Gewohnheit verwandelt, sich so in die verschiedenen Regionen des Verstandes einprägt, dass man sie automatisch während des Schlafes wiederholt, wenn man außerhalb des physischen Körpers ist und das Resultat ist das Erwachen des Bewusstseins.

Zwillinge ist ein Zeichen der Luft, regiert vom Planet Merkur.

Zwillinge regiert die Lunge, die Arme und Beine.

Übung:

Während des Sternzeichens Zwillinge sollen sich die gnostischen Schüler auf den Rücken legen und den Körper entspannen.

Dann soll er die Luft fünf Mal einatmen und fünf Mal ausatmen; beim Einatmen soll er sich vorstellen, dass das Licht, das zuvor im Kehlkopf gesammelt wurde, jetzt auf die Bronchien und die Lunge wirkt. Beim Einatmen öffnet man die Arme und Beine nach links und rechts, beim Ausatmen schließt man die Beine und Arme.

Das Metall der Zwillinge ist das Quecksilber, der Stein ist der Goldberyll, die Farbe ist gelb.

Die Zwilling Geborenen lieben Reisen sehr, sie machen den Fehler, die weise Stimme des Herzen zu vernachlässigen, sie wollen alles mit dem Verstand lösen, sie sind leicht verärgert, sie sind sehr dynamisch, vielseitig, unbeständig, reizbar, intelligent, ihr Leben ist voller Erfolge und Misserfolge, sie haben eine verrückte Art von Mut.

Die Zwilling Geborenen sind problematisch, wegen ihres seltsamen Dualismus, wegen dieser doppelten Persönlichkeit, die sie charakterisiert und die bei den Griechen durch jene mysteriösen Brüder namens Kastor und Pollux symbolisiert werden.

Beim Zwilling Geborenen weiß man nie, wie er in diesem oder jenem Fall vorgehen wird, wegen seiner doppelten Persönlichkeit.

In einem bestimmten Moment kann der Zwilling Geborenen ein sehr ehrlicher Freund sein, fähig sogar sein eigenes Leben für die Freundschaft, für die Person, der er seine Zuneigung geschenkt hat zu opfern, aber in einen anderen Moment ist er zur schlimmsten Niedertracht gegen diese geliebte Person fähig.

Der niedere Typ des Zwilling Geborenen ist sehr gefährlich und deshalb ist nicht ratsam, mit ihm befreundet zu sein. Der schlimmste Fehler der Zwillinge Geborenen ist die Tendenz, alle Personen fälschlicherweise zu verurteilen.

Die Zwillinge Kastor und Pollux laden uns zum Nachdenken ein. Was die manifestiert Materie und die okkulte Energie, symbolisiert durch Wärme, Licht, Elektrizität, die chemischen Kräfte und andere, die für uns noch unbekannt sind, anbelangt, so ist in der Tat bekannt, dass sie immer abwechseln erscheinen und die Erscheinung des einen bedeutet immer die Entropie oder das Verschwinden des Anderen, nichts anderes als die mysteriösen Brüder Kastor und Pollux, Symbol dieses Phänomens bei den Griechen.

Sie lebten und starben abwechselnd, so wie die Materie und die Energie abwechselnd geboren werden und sterben, erscheinen und verschwinden. Der Prozess der Zwillinge ist von entscheidender Bedeutung in der Kosmogenese.

Die ursprüngliche Erde war eine Sonne, die sich allmählich auf Kosten eines Nebelrings kondensierte, bis zum trostlosen Zustand eines verschleierten Planeten, als beschlossen wurde durch Ausstrahlung oder Abkühlung die erste feste Kruste unseres Globus zu bilden, d. h. durch das chemische Phänomen der Zerstreuung oder Entropie der Energie, die die groben Zustände der Materie sind, die wir fest oder flüssig nennen.

All diese Veränderungen der Natur werden in Übereinstimmung mit den inneren Prozessen von Castor und Pollux durchgeführt.

In diesen Zeiten des Zwanzigsten Jahrhunderts begann das Leben wieder seine Rückkehr zum Absoluten und grobe Materie beginnt, sich in Energie umzuwandeln.

Uns wurde gesagt, dass in der fünften Runde die Erde ein Kadaver, ein neuer Mond sein wird und das Leben sich mit all seinen konstruktiven und destruktiven Prozessen in der ätherischen Welt stattfinden wird.

Aus esoterischer Sicht können wir versichern, dass Castor und Pollux die Zwillingsseelen sind.

Das Sein, der Innerste eines jeden von uns hat zwei verwandte Seelen, die spirituelle und die menschliche.

Im gewöhnlichen intellektuellen Tier wird das Sein, der Innerste weder geboren noch stirbt er, noch wird er wiedergeboren, aber er sendet zu jeder neuen Persönlichkeit die Essenz; dies ist ein Bruchteil der menschlichen Seele, das Buddhata.

Es ist wichtig, zu wissen, dass das Buddhata, die Essenz sich in den lunaren Körpern, mit denen sich das Ich sich kleidet, befindet.

Einfacher gesagt, die Essenz ist unglücklicherweise im lunaren Ego eingekapselt.

Die Verlorenen steigen ab.

Der Abstieg in die Höllenwelten hat nur den Zweck, die lunaren Körper und das Ego durch die Involution zu zerstören.

Alle diese stetigen Veränderungen von Materie in Energie und Energie in Materie laden uns immer ein, über das Sternzeichen Zwillinge zu reflektieren.

Zwilling ist eng verbunden mit den Bronchien, der Lunge und der Atmung.

Der Mikrokosmos Mensch ist nach dem Abbild des Makrokosmos gemacht.

Die Erde atmet auch.

Die Erde atmet den vitalen Schwefel der Sonne ein und atmet ihn dann umgewandelt in irdischen Schwefel aus; dies entspricht den Menschen, der Sauerstoff einatmet und ihn in Kohlendioxid umgewandelt ausatmet.

Diese vitale Flut, die abwechselnd auf und absteigt, eine wahre Systole und Diastole, ein Ausatmen und Einatmen entsteht aus den tiefsten Tiefen der Erde.

Krebs

(21. Juni bis 22 Juli.)

„Wenn sie den Körper verlassen und den Weg des Feuers nehmen, des Tageslichts, der hellen vierzehn Tage des Mondes und der nördlichen Sonnenwende, dann gehen die wissenden Brahmanen zu Brahma.“ (Vers 24, Kapitel VIII, Bhagavad Gita).

„Der Yogi, der, wenn er stirbt, den Weg des Rauchs geht, der dunklen vierzehn Tage des Mondes und der südlichen Sonnenwende erreicht die lunare Sphäre und wird dann wiedergeboren.“ (Bhagavad Gita,Kapitel VIII, Vers 25)

„Diese beiden Wege, der leuchtende und der dunkle, werden als dauerhaft betrachtet. Durch den Ersten befreit man sich und durch den Zweiten wird man wiedergeboren.“ (Vers 26, Kapitel VIII, Bhagavad Gita).

„Das Sein wird weder geboren, noch stirbt es, noch reinkarniert es: es hat keinen Ursprung; es ist ewig, unveränderlich, der Erste von allem, und es stirbt nicht, wenn der Körper zugrunde geht.“ (Vers 20, Kapitel II, Bhagavad Gita).

Das Ego wird geboren, das Ego stirbt. Man muss zwischen dem Ego und dem Sein unterscheiden.

Das Sein wird weder geboren noch stirbt es, noch reinkarniert es.

„Die Früchte der Handlungen sind von drei Arten: unangenehm, angenehm und eine Mischung aus beidem. Diese Früchte haften nach dem Tod an dem, der ihnen nicht entsagt hat, aber nicht dem Menschen der Entsagung.“ (Vers 12, Kapitel XVIII, Bhagavad Gita).

„Lerne von mir, oh du mit starken Armen, über diese fünf Ursachen, die mit der Ausführung der Handlungen verbunden sind, gemäß der höchsten Weisheit, die der Zweck aller Handlungen ist.“ (Vers 13, Kapitel XVIII, Bhagavad Gita).

„Der Körper, das Ego, die Organe, die Funktionen und die Gottheiten (Planeten), die die Organe leiten, sind die fünf Ursachen.“ (Vers 14, Kapitel XVIII, Bhagavad Gita).

„Jede Handlung, richtig oder falsch, sei es physisch, verbal oder mental, hat diese fünf Ursachen.“ (Vers 15, Kapitel XVIII, Bhagavad Gita).

„Wenn das der Fall ist, ist derjenige, der aufgrund eines falschen Verständnisses, Atman (das Sein), das Absolute, als Schauspieler betrachtet, ein Narr, er sieht die Realität nicht.“ (Vers 16, Kapitel XVIII, Bhagavad Gita).

Die Bhagavad Gita macht daher einen Unterschied zwischen dem Ego, dem Ich und dem Sein, Atman.

Das intellektuelle Tier, irrtümlicherweise Mensch genannt, ist eine Zusammensetzung aus Körper, Ego (Ich), Organen und Funktionen.

Eine Maschine, die von den Gottheiten, oder sagen wir, den Planeten bewegt wird.

Oft genug reicht irgendeine kosmische Katastrophe, damit die Wellen, die die Erde erreichen, diese schlafenden menschlichen Maschinen auf die Schlachtfelder schicken.

Millionen eingeschlafener Maschinen gegen Millionen eingeschlafener Maschinen.

Der Mond bringt die Egos in die Gebärmutter und der Mond nimmt sie wieder weg.

Max Heindel sagt, dass die Empfängnis immer stattfindet, wenn der Mond sich im Krebs befindet.

Ohne den Mond ist die Empfängnis unmöglich.

Die ersten sieben Jahre des Lebens werden durch den Mond regiert.

Die zweiten sieben Jahre sind zu hundert Prozent merkurianisch, dann geht das Kind zur Schule, es ist unruhig, in unaufhörlicher Bewegung.

Die dritten sieben Jahren des Lebens, die zarte Jugend zwischen vierzehn und zwanzig Jahren werden von der Venus, dem Stern der Liebe regiert; das ist das Alter der Pubertät, das Alter der Liebe, das Alter, in dem wir das Leben rosa sehen.

Vom einundzwanzigsten bis zum zweiundvierzigsten Jahr des Lebens müssen wir unseren Platz an der Sonne finden und unser Leben bestimmen. Diese Epoche wird von der Sonne regiert.

Der Zeitraum zwischen dem zweiundvierzigsten und neunundvierzigsten Lebensjahr ist zu hundert Prozent marsianisch und das Leben verwandelt sich zu einem wahren Schlachtfeld, denn Mars ist Krieg.

Der Zeitraum zwischen dem neunundvierzigsten und sechsundfünfzigsten Jahr ist jupiterianisch; diejenigen, bei denen Jupiter im Horoskop gut platziert ist, werden natürlich während dieser Zeit ihres Lebens von allen respektiert, und selbst wenn sie keine unnötigen weltlichen Reichtümer besitzen, haben sie zumindest das Nötigste, um gut zu leben.

Ein anderes Schicksal haben diejenigen, bei denen Jupiter in Horoskop negativ aspektiert ist; diese Menschen leiden unsäglich, es mangelt ihnen an Brot, Kleidung, Zuflucht und sie werden schlecht von anderen behandelt, usw., usw.

Die Lebenszeit zwischen sechsundfünfzig und dreiundsechzig Jahren wird vom Alten des Himmels, dem alten Saturn, bestimmt.

Eigentlich beginnt das Alter mit sechsundfünfzig Jahren. Nach der Periode des Saturn kehrt der Mond zurück, er bringt das Ego bei der Geburt und er nimmt es wieder.

Wenn wir uns das Leben von Menschen im hohen Alter genau ansehen, können wir feststellen, dass sie wirklich in das Alter der Kinder zurückkehren, einige alte Männer und Frauen spielen wieder mit Spielzeugautos und Puppen.

Ältere Menschen über dreiundsechzig und Kinder unter sieben Jahren werden vom Mond regiert.

„Unter Tausenden von Menschen strebt vielleicht einer nach Vollkommenheit; unter denen, die es versuchen, erreicht vielleicht einer die Vollkommenheit und unter den Vollkommenen kennt vielleicht einer mich wirklich." (Bhagavad Gita Kapitel VII, Vers 3).

Das Ego ist lunar, und wenn es den physischen Körper verlässt, nimmt es den Weg des Rauchs, der dunklen vierzehn Tage des Mondes und der südlichen Sonnenwende und kehrt bald zurück in eine neue Gebärmutter.

Der Mond nimmt es und der Mond bringt es, das ist das Gesetz.

Das Ego ist mit lunaren Körpern bekleidet.

Die von der Theosophie untersuchten inneren Vehikel sind lunarer Natur.

Die heiligen Schriften des Jainismus sagen: „Das Universum ist bevölkert mit verschiedenen Geschöpfen, die im Samsara existieren, geboren in verschiedenen Familien und Kasten, weil sie bestimmte Taten begangen haben und je nachdem, welche es waren, gehen sie manchmal in die Welt der Götter, manchmal in die Hölle und manchmal verwandeln sie sich zu Asuras (teuflische Menschen).

Deshalb lehnen die lebenden Wesen, die wegen ihrer bösen Taten unaufhörlich geboren und wiedergeboren werden, das Samsara nicht ab."

Der Mond nimmt alle Egos mit, aber er bringt sie nicht alle zurück.

In diesen Zeiten kommen die meisten in die Höllenwelten, die sublunaren Regionen, in das niedere Mineralreich, in die äußere Finsternis, wo nur Weinen und Zähneknirschen herrschen.

Es gibt wenige Desinkarnierte, die sich heutzutage einen Urlaub in der Welt der Götter leisten können, bevor sie durch die Tore des Mondes in eine neue Gebärmutter zurückkehren.

Es gibt viele, die auf mittelbare oder unmittelbare Weise zurückkehren und vom Mond gebracht werden, ohne die Freuden der höheren Welten genossen zu haben.

Die Vollkommenen, die Auserwählten, diejenigen, die das Ego aufgelöst haben, ihre solaren Körper erschaffen und sich für die Menschheit geopfert haben, sind gesegnet; wenn sie den physischen Körper mit dem Tod verlassen, nehmen sie den Pfad des Feuers, des Tageslichts, der hellen vierzehn Tage des Mondes und der nördlichen Sonnenwende, sie haben sie das Sein inkarniert, sie kennen Brahma (den Vater, der im Verborgenen ist) und es ist klar, dass sie zu Brahma (dem Vater) gehen.

Der Jainismus sagt, dass während dieses großen Tages des Brahma vierundzwanzig große Propheten, die die vollkommene Vollkommenheit erreicht haben, in diese Welt hinabsteigen.

Die gnostischen Schriften sagen, dass es zwölf Retter gibt, also zwölf Avataras.

Aber wenn wir an Johannes den Täufer als Vorläufer denken und an einen Jesus als Avatar für das Fischzeitalter, das gerade vergangen ist, dann können wir verstehen, dass es für jedes der zwölf Zeitalter des Tierkreises immer einen Vorläufer und einen Avatar gibt, insgesamt vierundzwanzig große Propheten.

Mahavira war der Vorläufer von Buddha und Johannes der Täufer der von Jesus.

Der heilige Raskoarno (Tod) ist von tiefer innerer Schönheit.

Die Wahrheit über den Tod kennt nur der, der seine tiefe Bedeutung unmittelbar erlebt hat.

Der Mond nimmt und bringt die Toten.

Die Extreme berühren sich.

Tod und Empfängnis sind eng miteinander verbunden.

Der Pfad des Lebens wird gebildet von den Hufspuren des Pferdes des Todes. Die Auflösung aller Elemente, die den physischen Körper bilden, erzeugt eine ganz besondere Schwingung, die unsichtbar durch Raum und Zeit fließt.

Ähnlich wie die Fernsehwellen, die Bilder übertragen, sind die Schwingungswellen der Verstorbenen. Was der Bildschirm für die Wellen der Sendestationen ist, ist der Embryo für die Wellen des Todes.

Die Schwingungswellen des Todes übertragen das Bild des Verstorbenen.

Dieses Bild wird im befruchteten Ei hinterlegt.

Unter dem Einfluss des Mondes dringt das Spermium durch die Hülle der Eizelle, die sich sofort wieder schließt und es einschließt.

Dort entsteht ein interessantes Anziehungsfeld, das den weiblichen Kern, der still in der Mitte des Eies wartet, anzieht und von ihm angezogen wird.

Wenn diese beiden Kerne zu einer einzigen Einheit verschmelzen, beginnen die Chromosomen ihren berühmten Tanz, sie vermischen und verwickeln sich augenblicklich.

Auf diese Weise kristallisiert sich der Entwurf eines Menschen, der im Sterben lag und starb, im Embryo aus.

Jede gewöhnliche Zelle des menschlichen Organismus enthält achtundvierzig Chromosomen, das erinnert uns an die achtundvierzig Gesetze der Welt, in der wir leben.

Die Fortpflanzungszellen des Organismus enthalten nur ein Chromosom jedes Paares, aber in ihrer Vereinigung produzieren sie eine neue Kombination von achtundvierzig, die jeden Embryo einzigartig und verschieden machen.

Jede menschliche Form, jeder Organismus ist eine kostbare Maschine.

Jedes Chromosom trägt in sich das Siegel einer Funktion, Eigenschaft oder eines besonderen Merkmals, ein Paar bestimmt das

Geschlecht, denn die Dualität dieses Paares ist es, was eine Frau ausmacht. Der ungerade Chromosomensatz erzeugt Männer.

Erinnern wir uns an die biblische Legende von Eva, die aus Adams Rippe gemacht wurde und deshalb eine Rippe mehr hat als er.

Die Chromosomen an sich bestehen aus Genen und jedes von diesen aus wenigen Molekülen.

Die Gene bilden eigentlich die Grenze zwischen dieser Welt und der anderen, zwischen der dritten und der vierten Dimension.

Die Wellen der Sterbenden, die Wellen des Todes, wirken auf die Gene, indem sie sie im befruchteten Ei ordnen.

So wird der verlorene physische Körper neu erzeugt, so wird das „Design" der Verstorbenen im Embryo sichtbar.

Übung:

Während der Zeit des Sternzeichens Krebs sollten unsere gnostischen Schüler, bevor sie in ihrem Bett einschlafen, eine retrospektive Übung über ihr eigenes Leben machen, wie jemand, der einen Film vom Ende bis zum Anfang sieht, oder wie jemand, der ein Buch vom Ende bis zum Anfang liest, von der letzten Seite bis zur Ersten.

Das Ziel dieser retrospektiven Übung über unser eigenes Leben ist Selbsterkenntnis, Selbstentdeckung, unsere guten und schlechten Handlungen zu erkennen, unser eigenes lunares Ego zu studieren, das Unterbewusstsein bewusst zu machen.

Es ist notwendig, im Rückblick bis zur Geburt zu kommen und sich daran zu erinnern.

Eine höchste Anstrengung ermöglicht es dem Schüler, die Geburt mit dem Tod seines vergangenen physischen Körpers zu verbinden.

Der Traum in Verbindung mit Meditation, mit der retrospektiven Übung, wird uns erlauben, uns an unser gegenwärtiges und vergangenes Leben und an vergangene Existenzen zu erinnern.

Die retrospektive Übung ermöglicht es uns, uns unseres eigenen lunaren Egos, unserer eigenen Fehler bewusst zu werden.

Erinnern wir uns, dass das Ego eine Ansammlung von Erinnerungen, Begierden, Leidenschaften, Wut, Gier, Begierde, Stolz, Faulheit, Gefräßigkeit, Selbstliebe, Groll, Rache, usw., ist.

Wenn wir das Ego auflösen wollen, müssen wir es zuerst studieren. Das Ego ist die Wurzel der Unwissenheit und des Schmerzes.

Nur das Sein, Atman, ist vollkommen, aber er wird weder geboren noch stirbt er noch reinkarniert er; das sagte Krishna in der Bhagavad Gita.

Wenn der Schüler während der retrospektiven Übung einschläft, um so besser, denn in den höllischen Welten kann er sich selbst kennenlernen, sich an sein ganzes Leben und an all seine vergangenen Leben erinnern.

Genau, wie der Arzt ein Krebsgeschwür untersuchen muss, bevor er es entfernt, muss der Gnostiker sein eigenes Ego studieren, bevor er es entfernt.

Während des Sternzeichens Krebs müssen die Kräfte, die in der Zeit der Zwillinge in den Bronchien und Lungen gesammelt wurden nun an die Thymusdrüse weitergeleitet werden.

Die kosmischen Kräfte, die durch unseren Organismus aufsteigen, treffen sich in der Thymusdrüse mit den Kräften, die herabsteigen und zusammen bilden die beiden verbundenen Dreiecke das Siegel Salomos.

Der Schüler soll täglich über dieses Siegel Salomos meditieren, das sich in der Thymusdrüse bildet. Uns wurde gesagt, dass die Thymusdrüse das Wachstum der Kinder regelt.

Es ist interessant, dass die Brustdrüsen der Mutter eng mit der Thymusdrüse verbunden sind. Darum kann die Muttermilch niemals durch andere Nahrung für das Kind ersetzt werden. Die Krebs Geborenen haben einen Charakter, der so veränderlich ist, wie die Phasen des Mondes.

Die Krebs Geborenen sind von Natur aus friedlich, aber wenn sie wütend werden, sind sie schrecklich.

Die Krebs Geborenen haben eine Begabung für Kunsthandwerk, für Kunst.

Die Krebs Geborenen haben eine lebhafte Vorstellungskraft, aber sie müssen mit der Fantasie aufpassen.

Die bewusste Vorstellungskraft ist ratsam. Die mechanische Vorstellungskraft, genannt Fantasie, ist absurd.

Die Krebs Geborenen haben eine sanfte, zurückgezogene und scheue Natur, sie sind häuslich.

Im Krebs finden wir manchmal Personen, die sehr passiv, träge, faul sind.

Die Krebs Geborenen mögen sehr gern Romane, Filme, usw.

Das Metall von Krebs ist Silber, der Stein ist die Perle, die Farbe ist weiß.

Krebs, das Zeichen der Krebse oder des heiligen Skarabäus, ist die Heimat des Mondes.

Löwe

(23. Juli bis 22. August)

Annie Besant erzählt einen Fall des Meisters Nanak, der es wert ist, aufgeschrieben zu werden.

„Es war Freitag an diesem Tag, und als die Zeit des Gebets kam, gingen Herr und Diener zur Moschee.

Als der Kari (moslemischer Priester) die Gebete begann, warfen sich der Nabab und sein Gefolge zu Boden, wie es der mohammedanische Ritus vorschrieb.

Nanak blieb regungslos und schweigend stehen. Nach dem Gebet blickte der Nabab den jungen Mann an und fragte entrüstet:

„Warum hast du die Zeremonien des Gesetzes nicht erfüllt?

Du bist ein Lügner und ein Betrüger.

Du hättest nicht hierher kommen sollen, um wie ein Stock stehen zu bleiben.“

Nanak antwortete:

„Du warst mit deinem Gesicht auf dem Boden, während deine Gedanken durch die Wolken wanderten, denn du dachtest daran, Pferde aus Candar zu holen und nicht daran, das Gebet zu rezitieren.

Während der Priester die Zeremonie der Niederwerfung mechanisch ausführte, dachte er gleichzeitig daran, die Eselin zu retten, die vor einigen Tagen gebar.

Wie könnte ich mit Leuten beten, die mechanisch niederknien und die Wörter wiederholen wie ein Papagei?“

Der Nabab gestand, dass er während der gesamten Zeremonie tatsächlich an den geplanten Kauf von Pferden gedacht hatte. Was den Kari anging, drückte er offen seinen Unmut aus und bedrängte den jungen Mann mit vielen Fragen.“

Es ist wirklich notwendig zu lernen, wissenschaftlich zu beten; wer lernt, Gebet und Meditation intelligent zu verbinden, wird wunderbare konkrete Ergebnisse erzielen.

Aber es ist dringend notwendig zu verstehen, dass es verschiedene Gebete gibt und dass ihre Ergebnisse unterschiedlich sind.

Es gibt Gebete, die von Bitten begleitet sind, aber nicht alle Gebete werden von Bitten begleitet. Es gibt sehr alte Gebete, die wahre Rekapitulationen kosmischer Ereignisse sind und wir können ihren Inhalt erfahren, wenn wir mit wahrer bewusster Hingabe über jedes Wort, jeden Satz meditieren.

Das Vaterunser ist eine magische Formel von immenser priesterlicher Macht, aber es ist dringend notwendig, die tiefe Bedeutung jedes Wortes, jedes Satzes, jedes Flehens vollständig zu verstehen.

Das Vaterunser ist ein Bittgebet, ein Gebet, um mit dem Vater zu sprechen, der im Verborgenen ist. Das Vaterunser kombiniert mit tiefer Meditation führt zu wunderbaren konkreten Ergebnissen.

Die gnostischen Rituale, die religiösen Zeremonien sind wahre Abhandlungen okkulter Weisheit für diejenigen, die zu meditieren wissen, für diejenigen, die sie mit ihrem Herzen verstehen.

Wer den Weg des ruhigen Herzens gehen will, muss das Prana, das Leben, die sexuelle Kraft im Gehirn und den Verstand im Herzen fixieren.

Es ist dringend notwendig zu lernen, mit dem Herzen zu denken, den Verstand im Herzenstempel zu deponieren. Das Kreuz der Einweihung wird immer im wunderbaren Tempel des Herzens empfangen.

Nanak, der Meister und Gründer der Religion des Sikhismus im heiligen Land der Veden, lehrte den Weg des Herzens.

Nanak lehrte Brüderlichkeit unter allen Religionen, Schulen, Sekten, usw.

Wenn wir alle Religionen oder eine Religion im Besonderen angreifen, begehen wir das Verbrechen, das Gesetz des Herzens zu verletzen. Im Herztempel gibt es Platz für alle Religionen, Sekten, Orden, usw., usw., usw.

Alle Religionen sind kostbare Perlen, die auf dem goldenen Faden der Göttlichkeit aufgereiht sind.

Unsere gnostische Bewegung besteht aus Menschen aller Religionen, Schulen, Sekten, spirituellen Gesellschaften, usw., usw., usw.

Im Herztempel gibt es Platz für alle Religionen, für alle Kulte.

Jesus sagte: „Indem ihr einander liebt, beweist ihr, dass ihr meine Jünger seid."

Die Schriften des Sikhismus sind wirklich unbeschreiblich, wie die jeder Religion.

Unter den Sikhs ist Omkara das ursprüngliche göttliche Wesen, das den Himmel, die Erde, die Wasser, alles was existiert, geschaffen hat.

Omkara ist der unmanifestierte ursprüngliche Geist, unvergänglich, ohne Anfang der Tage, ohne Ende der Tage, dessen Licht die vierzehn Wohnstätten erhellt; augenblicklicher Kenner, innerer Gebieter des gesamten Herzens.

„Der Raum untersteht deiner Macht.

Die Sonne und der Mond sind deine Leuchter.

Das Heer der Sterne deine Perlen, oh Vater! Die wohlriechende Brise des Himalaya ist dein Weihrauch.

Der Wind durchlüftet dich.

Das Pflanzenreich widmet dir Blumen, oh Licht! Die Lobeshymnen für dich, oh Zerstörer der Angst! Der *anatal Shadbha* (jungfräulicher Klang) erklingt wie deine Trommeln.

Du hast keine Augen und du hast Tausende von ihnen.

Du hast keine Nase, und du hast Tausende von Ihnen.

Dieses, dein wunderbares Werk entzückt uns.

Dein Licht, oh Glorreicher, ist in allen Dingen.

Von allen Wesen strahlt das Licht von deinem Licht.

Aus den Lehren der Meister strahlt dieses Licht.

Du bist ein Arati.

Der große Meister Nanak versteht, in Einklang mit den Upanishaden, dass Brahma (der Vater) eins ist und dass die unaussprechlichen Götter nur Teile seiner Manifestationen sind, Spiegelungen der absoluten Schönheit.

Der Guru Deva ist jemand, der bereits eins mit dem Vater (Brahma) ist.

Selig ist derjenige, der einen Guru Deva als Leiter und Lehrer hat.

Gesegnet ist derjenige, der den Meister der Vollkommenheit gefunden hat.

Der Weg ist eng, schmal und furchtbar schwierig.

Man benötigt den Guru Deva, den Lehrer, den Führer.

Im Herzenstempel finden wir Hari, das Sein.

Im Herzenstempel finden wir den Guru Deva.

Jetzt werden wir einige Strophen der Sikhs über die Verehrung des Guru-Deva zitieren:

"Oh Nanak, erkenne ihn als den wahren Guru an, den Geliebten, der dich mit allem verbindet.“

"Hundertmal am Tag möchte ich mich für meinen Guru opfern, der mich in kurzer Zeit in einen Gott verwandelt hat.“

"Selbst wenn einhundert Monde und tausend Sonnen scheinen würden, würde ohne den Guru tiefe Finsternis regieren.“

"Gesegnet sei mein ehrwürdiger Guru, der Hari (das Sein) kennt und uns gelehrt hat, Freunde und Feinde gleichermaßen zu behandeln.“

"Oh, Herr, erweise uns die Gunst der Gesellschaft des Guru Deva, damit wir, die verlorenen Sünder, das andere Ufer mit ihm erreichen können.“

"Guru Deva, der wahre Guru, ist Parabrahma, der höchste Herr.“

Nanak wirft sich vor dem Guru Deva Hari zu Boden.

Im Hindustan ist ein Sannyasin des Denkens derjenige, der dem wahren Guru Deva dient, der ihn bereits im Herzen gefunden hat und der an der Auflösung des lunaren Egos arbeitet.

Wer dem Ego, dem Ich ein Ende setzen will, muss Zorn, Gier, Lüsternheit, Neid, Stolz, Faulheit, Völlerei vernichten. Nur wenn all diese Fehler auf allen Ebenen des Verstandes beseitigt werden, stirbt das *Ich* radikal, vollständig und endgültig.

Die Meditation im Namen von Hari (dem Sein) ermöglicht es uns, das Reale, das Wahre zu erfahren. Es ist notwendig zu lernen, das Vaterunser zu beten, zu lernen, mit Brahma (dem Vater) zu sprechen, der im Verborgenen ist.

Ein einziges Vaterunser, gut gebetet und weise mit Meditation verbunden, ist ein ganzes Werk der hohen Magie. Ein einziges, gut gebetetes Vaterunser dauert eine Stunde oder etwas mehr als eine Stunde. Nach dem Gebet muss man wissen, wie man auf die Antwort des Vaters wartet, und dies bedeutet, zu wissen, wie man meditiert, einen ruhigen und stillen Verstand hat, ohne jeglichen Gedanken und auf die Antwort des Vaters wartet.

Wenn der Verstand innerlich und äußerlich ruhig ist, wenn der Verstand innerlich und äußerlich still ist, wenn sich der Verstand vom Dualismus befreit hat, dann kommt das Neue zu uns.

Es ist notwendig, den Verstand von allen Arten von Gedanken, Begierden, Leidenschaften, Wünschen, Ängsten, usw., zu leeren, damit die Erfahrung des Realen zu uns kommt.

Der Ausbruch der Leere, die Erfahrung in der erleuchtenden Leere ist nur möglich, wenn die Essenz, die Seele, das Buddhata, sich vom intellektuellen Gefängnis befreit hat.

Die Essenz ist eingekapselt zwischen dem schrecklichen Kampf der Gegensätze, Kälte und Hitze, Gefallen und Nichtgefallen, ja und nein, gut und böse, angenehm und unangenehm.

Wenn der Verstand ruhig ist, wenn der Verstand still ist, dann ist die Essenz frei und es kommt die Erfahrung des Realen in der erleuchtenden Leere.

Bete also, guter Schüler, und dann, wenn dein Verstand sehr ruhig und still ist, ohne Gedanken aller Art, warte auf die Antwort des Vaters: „Bittet und es wird euch gegeben, klopft an, und es wird euch aufgetan."

Beten heißt, mit Gott zu sprechen, und man muss lernen, sich mit dem Vater, mit Brahma zu unterhalten.

Der Herzenstempel ist ein Haus des Gebetes.

Im Herzenstempel treffen sich die Kräfte, die von oben kommen, mit den Kräften, die von unten kommen, und bilden das Siegel Salomos.

Es ist notwendig, tief zu beten und zu meditieren.

Es ist dringend notwendig, zu wissen, wie man den physischen Körper entspannt, damit die Meditation korrekt ist.

Übung:

Bevor ihr die Übungen des Gebetes, kombiniert mit der Meditation, beginnt, entspannt den Körper gut.

Der gnostische Schüler soll sich auf den Rücken auf den Boden oder in ein Bett legen, die Beine und Arme ausgestreckt nach rechts und links, in der Form eines fünfzackigen Sterns.

Diese Stellung des fünfzackigen Sternes ist wunderbar wegen ihrer tiefen Bedeutung, aber Menschen, die aus irgendeinem Grund nicht in dieser Position meditieren können, können meditieren, indem sie ihren Körper in die Position des toten Mannes bringen: die Füße sind entspannt, die Fersen zusammen, die Arme entlang des Körpers.

Die Augen sollen geschlossen sein, damit die Dinge der physischen Welt euch nicht ablenken.

Der Schlaf, korrekt mit der Meditation verbunden, ist unerlässlich für den Erfolg der Meditation.

Es ist notwendig, alle Muskeln des Körpers völlig zu entspannen und dann die Aufmerksamkeit auf die Nasenspitze zu konzentrieren, bis man den Puls des Herzens in diesem Geruchsorgan spürt, dann fährt man fort mit dem rechten Ohr, bis man den Puls des Herzens in diesem spürt. Dann macht man weiter mit der rechten Hand, dem rechten Fuß, dem linken Fuß, der linken Hand, dem linken Ohr und wieder der Nase, wobei wir den Puls des Herzens ausschließlich in jedem dieser Organe spüren, auf das wir unsere Aufmerksamkeit gelenkt haben.

Die Kontrolle über den physischen Körper beginnt mit der Kontrolle über den Puls.

Den Puls des ruhigen Herzens fühlt man normalerweise im ganzen Körper auf einmal, aber die Gnostiker können ihn überall im Körper nach Belieben spüren, sei es in der Nasenspitze, dem Ohr, einem Arm, einem Fuß, usw.

Es wurde nachgewiesen, dass durch die Fähigkeit, den Puls zu beschleunigen oder zu verlangsamen, der Herzschlag beschleunigt oder verlangsamt werden kann.

Die Kontrolle über das Schlagen des Herzens kann niemals von den Herzmuskeln kommen, sondern hängt vollkommen von der Steuerung des Pulses ab.

Das ist ohne Zweifel der zweite Pulsschlag oder das große Herz.

Die Kontrolle des Pulses oder der Kontrolle des zweiten Herzens wird vollständig erreicht durch die absolute Entspannung aller Muskeln.

Durch die Aufmerksamkeit können wir den Pulsschlag des zweiten Herzens und die Schläge des ersten Herzens beschleunigen oder verlangsamen.

Das Samadhi, die Ekstase, das Satori ereignen sich immer bei sehr langsamem Pulsschlag, und im Mahasamadhi endet der Pulsschlag.

Während des Samadhi entkommt die Essenz, das Buddhata, der Persönlichkeit und verschmilzt dann mit dem Sein und es kommt die Erfahrung des Realen in der erleuchtenden Leere.

Nur in Abwesenheit des *Ichs* können wir mit dem Vater, dem Brahma, sprechen.

Betet und meditiert, damit ihr die Stimme der Stille hören könnt.

Das Sternzeichen Löwe ist der Thron der Sonne, das Herz des Tierkreises. Das Sternzeichen Löwe regiert das menschliche Herz.

Die Sonne des Organismus ist das Herz.

Im Herzen mischen sich die Kräfte von oben mit denen von unten, damit die von unten sich befreien.

Das Metal des Sternzeichens Löwe ist das reine Gold.

Der Stein des Sternzeichens Löwe ist der Diamant.

Die Farbe des Sternzeichens Löwe ist gold.

Im täglichen Leben konnten wir nachweisen, dass die Löwe Geborenen wie der Löwe tapfer, zornig, edel, würdig, beständig sind.

Aber es gibt viele Menschen und es ist klar, dass wir unter den Löwe Geborenen auch Hochmütige, Stolze, Ungläubige, Tyrannen, usw., finden.

Die Löwe Geborenen haben organisatorische Fähigkeiten, sie entwickeln das Gefühl und die Tapferkeit des Löwen.

Die entwickelten Menschen dieses Zeichens werden zu großen Paladinen.

Der mittelmäßige Typ des Löwen ist sehr sentimental und zornig.

Der mittelmäßige Typ des Löwen überschätzt seine eigenen Fähigkeiten sehr.

In allen Löwen Geborenen existiert immer die Mystik, sei es in einem hohen Niveau oder in einem Anfangszustand; alles hängt von der Art der Person ab.

Die Löwen Geborenen sind immer anfällig für Verletzungen an den Armen und Händen.

Jungfrau

(23. August bis 22. September)

Prakriti ist die göttliche Mutter, die Ursubstanz der Natur.

Im Universum gibt es verschiedene Substanzen, verschiedene Elemente und Subelemente, aber all diese sind unterschiedliche Modifikationen einer einzigen Substanz.

Die ursprüngliche Materie ist das reine Akasha, das im ganzen Raum enthalten ist, die große Mutter, Prakriti.

Mahamanvantara und Mahapralaya sind zwei sehr wichtige Sanskritbegriffe, mit denen gnostische Schüler sich vertraut machen sollten.

Mahamanvantara ist der große kosmische Tag.

Mahapralaya ist die große kosmische Nacht.

Während des großen Tages existiert das Universum. Wenn die große Nacht kommt, hört das Universum auf zu existieren, es löst sich im Schoß von Prakriti auf.

Der unermessliche unendliche Raum ist voller Sonnensysteme, die ihre Mahamanvantaras und ihre Mahapralayas haben.

Während einige sich im Mahamanvantara befinden, befinden sich andere im Mahapralaya.

Millionen und Milliarden von Universen werden geboren und sterben im Schoß von Prakriti.

Jeder Kosmos wird von Prakriti geboren und löst sich in Prakriti auf.

Jede Welt ist ein Feuerball, der sich entzündet und der gelöscht wird im Schoße von Prakriti.

Alles wird von Prakriti geboren, alles kehrt zu Prakriti zurück. Sie ist die große Mutter.

Die Bhagavad Gita sagt: Mein Mutterleib ist die mächtigste Prakriti, in ihr lege Ich die lebendige Frucht nieder, und aus dieser gehen alle Welten hervor.

Oh Kountreya! In was immer für Formen irdische Leiber erscheinen, Prakriti ist der mächtige Mutterleib von allem und Ich der befruchtende Vater.

Satwa, Rajas und Tamas sind die drei Gunas (Aspekte oder Eigenschaften), welche aus Prakriti entspringen, und durch welche der ewige Geist während seiner Einverleibung an die Körper gebunden wird.

Von diesen bindet Satwa, welches leuchtend und rein ist, weil seine Natur nicht befleckt ist, durch das Band der Glückseligkeit und des Erkennens.

Oh Kountreya, wisse, dass Rajas, welches die Eigenschaften der Begierde in sich hat und die Quelle des Dranges und Verlangens ist, die einverleibte Seele durch Werke bindet.

O Bharata, wisse auch, dass Tamas aus der Nacht der Nichterkenntnis geboren, welche die Geister in ihrer Einverleibung verwirrt, die Seele durch Unwissenheit, Trägheit und Schlaf (eingeschlafenes Bewusstsein, Traum des Bewusstseins) bindet.

Während des großen Pralaya sind diese drei Gunas in vollkommenem Gleichgewicht auf der großen Waage der Gerechtigkeit; wenn sich das Ungleichgewicht der drei Gunas bildet, beginnt die Morgenröte des Mahamanvantara und das Universum wird aus dem Inneren der Prakriti geboren.

Während des großen Pralaya ist Prakriti einheitlich, vollständig. In der Manifestation, im Mahamanvantara, teilt sich Prakriti in drei kosmische Aspekte. Die drei Aspekte von Prakriti während der Manifestation sind:

Erstens, der des unendlichen Alls.

Zweitens, der der Natur.

Drittens, der des Menschen.

Die göttliche Mutter im unendlichen Raum, die göttliche Mutter in der Natur, die göttliche Mutter im Menschen. Das sind die drei Mütter, die drei Marien des Christentums.

Die gnostischen Schüler müssen diese drei Aspekte der Prakriti sehr gut verstehen, denn dies ist grundlegend für die esoterische Arbeit. Darüber hinaus ist es dringend notwendig zu wissen, dass jeder Mensch seine eigene Prakriti hat.

Die gnostischen Schüler sollten nicht überrascht sein, wenn wir behaupten, dass die eigene Prakriti eines jeden Menschen sogar ihren individuellen Namen hat.

Das bedeutet auch, dass jeder von uns eine göttliche Mutter hat. Dies zu verstehen ist grundlegend für die esoterische Arbeit.

Die zweite Geburt ist etwas anderes. Der dritte Logos, das heilige Feuer, muss zuerst den heiligen Leib der göttlichen Mutter befruchten, dann kommt die zweite Geburt.

Sie, die Prakriti, ist immer eine Jungfrau, vor der Geburt, während der Geburt und nach der Geburt.

Im achten Kapitel dieses Buches werden wir ausführlich die praktische Arbeit im Zusammenhang mit der zweiten Geburt besprechen.

Jetzt geben wir nur einige Orientierungen. Jeder Meister der weißen Loge hat seine eigene göttliche Mutter, seine Prakriti. Jeder Meister ist der Sohn einer unberührten Jungfrau.

Wenn wir die Religionen vergleichen, werden wir überall unbefleckte Empfängnisse entdecken.

Jesus wurde durch das Werk und die Gnade des Heiligen Geistes empfangen, die Mutter Jesu war eine unbefleckte Jungfrau. Die religiösen Schriften sagen, dass Buddha, Jupiter, Zeus, Apollo,

Quetzalcoatl, Fu-ji, Laotse, usw., usw., Kinder von unbefleckten Jungfrauen waren, Jungfrauen vor der Geburt, bei der Geburt und nach der Geburt.

Im heiligen Land der Veden empfing Devaki, die Jungfrau von Hindustan, Krishna, und in Bethlehem empfing die Jungfrau Maria Jesus.

Im gelben China, an den Ufern des Fu-ji, trat die Jungfrau Hoa-se auf die Pflanze des großen Mannes, sie wurde von einem wunderbaren Leuchten umhüllt, und ihr Schoß empfing durch das Werk und die Gnade des Heiligen Geistes den chinesischen Christus Fu-ji.

Es ist eine grundlegende Bedingung für die zweite Geburt, dass zuerst der dritte Logos, der Heilige Geist eingreift und den jungfräulichen Schoß der göttlichen Mutter befruchtet.

Das sexuelle Feuer des dritten Logos in Indien ist unter dem Namen Kundalini bekannt und wird durch eine Schlange aus glühendem Feuer symbolisiert.

Die göttliche Mutter ist Isis, Tonantzin, Kali oder Parvati, die Frau von Shiva, dem dritten Logos, und ihr mächtigstes Symbol ist die heilige Kuh.

Die Schlange muss durch den Rückenmarkskanal der heiligen Kuh aufsteigen, die Schlange muss den Schoß der göttlichen Mutter fruchtbar machen; nur dann geschieht die unbefleckte Empfängnis und die zweite Geburt.

Kundalini selbst ist ein solares Feuer, das in einem magnetischen Zentrum eingeschlossen ist, das sich im Steißbein, der Basis der Wirbelsäule, befindet.

Wenn das heilige Feuer erwacht, steigt es durch den Rückenmarkskanal entlang der Wirbelsäule auf, öffnet die sieben Zentren der Wirbelsäule und befruchtet Prakriti.

Das Feuer von Kundalini hat sieben Grade der Macht, und es ist notwendig, diese sieben Stufen des Feuers zu erklimmen, um die zweite Geburt zu erreichen.

Wenn Prakriti durch das glühende Feuer befruchtet wird, verfügt sie über gewaltige Mächte, um uns zu helfen.

Von Neuem geboren zu werden, bedeutet das Reich zu betreten. Sehr selten trifft man einen zwei Mal Geborenen. Selten sind diejenigen, die zum zweiten Mal geboren werden.

Jeder, der von Neuem geboren werden will, der die endgültige Befreiung erreichen will, muss die drei Gunas der Prakriti aus seiner Natur eliminieren.

Wer die Guna Sattwa nicht auslöscht, verliert sich im Labyrinth der Theorien und verlässt die esoterische Arbeit.

Wer Rajas nicht auslöscht, verstärkt das lunare Ego durch den Zorn, die Gier, die Lüsternheit.

Wir dürfen nicht vergessen, dass Rajas die Wurzel des tierischen Verlangens und der heftigsten Leidenschaften ist.

Rajas ist die Wurzel aller Begehrlichkeit. Diese Letztere ist der Ursprung jeder Begierde. Wer die Begierde auslöschen will, muss zuerst die Guna Rajas auslöschen.

Wer Tamas nicht beseitigt, wird immer ein eingeschlafenes Bewusstsein haben, er wird faul sein, die esoterische Arbeit aufgeben, wegen Schlappheit, Trägheit, Faulheit, Mangel an Willen, Lauheit, Mangel an spiritueller Begeisterung, er wird Opfer der törichten Illusionen dieser Welt sein und der Unwissenheit erliegen.

Es heißt, dass Menschen mit sattvischem Temperament nach dem Tod einen Urlaub in den Paradiesen oder molekularen oder elektronischen Reichen genießen, wo sie sich unendlicher Glückseligkeit erfreuen, bevor sie in eine neue Gebärmutter zurückkehren.

Die Eingeweihten wissen sehr gut, aus direkter Erfahrung, dass Menschen mit rajasischem Temperament sofort wieder in diese Welt zurückkehren, wiedergeboren werden oder an der Schwelle bleiben und auf die Möglichkeit warten, in einen neuen Schoß einzutreten, aber ohne das Glück eines Urlaubs in den verschiedenen Reichen der Glückseligkeit zu haben.

Alle Erleuchteten wissen mit vollkommener Gewissheit, dass Menschen mit tamasischem Temperament nach dem Tod in die höllischen Welten eintreten, die nach Dante in seiner Göttlichen Komödie, unter der Erdkruste, in den Eingeweiden der unterirdischen Welt liegen.

Es ist dringend notwendig, die drei Gunas aus unserer inneren Natur zu entfernen, wenn wir die esoterische Arbeit wirklich erfolgreich ausführen wollen.

Die Bhagavad Gita sagt: „Wenn der Weise sieht, dass es nur die Gunas sind, die handeln, und er denjenigen kennt, der jenseits der Gunas ist, dann erreicht er mein Sein."

Viele hätten gerne eine Technik, um die drei Gunas zu eliminieren; wir bestätigen, dass nur durch die Auflösung des lunaren Egos die drei Gunas erfolgreich beseitigt werden können.

Wer gleichgültig bleibt und nicht von den Gunas verwirrt wird, wer erkannt hat, dass nur die Gunas handeln und wer standhaft bleibt, ohne zu schwanken, hat bereits das lunare Ego aufgelöst.

Derjenige, der dasselbe in Freude oder Schmerz fühlt, der in seinem eigenen Sein wohnt, der einem Klumpen Lehm, einem Kieselstein oder einem Goldklumpen den gleichen Wert gibt, der ruhig bleibt vor dem Angenehmen und Unangenehmen, vor der Zurechtweisung oder dem Lob, vor Ehre oder Unehre, vor dem Freund oder dem Feind, der auf alles neue selbstsüchtige und irdische Unternehmertum verzichtet hat, der hat die drei Gunas und das lunare Ego schon eliminiert.

Derjenige, der keine Lüsternheit mehr hat, der in allen neunundvierzig unterbewussten Ebenen des Verstandes das Feuer der Begierde ausgelöscht hat, der hat die drei Gunas beseitigt und das lunare Ego aufgelöst.

„Die Erde, das Wasser, das Feuer, die Luft, der Raum, der Verstand, der Intellekt und das Ego sind die acht Kategorien, in die meine Prakriti aufgeteilt ist."

So ist es geschrieben, dies sind die Worte des Gesegneten.

„Wenn der große kosmische Tag anbricht, manifestieren sich alle Wesen, die von der unmanifestierten Prakriti stammen und in der Dämmerung verschwinden sie in der Unmanifestierten.“

Jenseits der unmanifestierten Prakriti befindet sich das unmanifestierte Absolute.

Es ist notwendig, zuerst in die Unmanifestierte einzudringen, bevor man in den Schoß des unmanifestierten Absoluten eintaucht.

Die gesegnete göttliche Mutter der Welt ist das, was man Liebe nennt.

Sie ist Isis, der kein Sterblicher je den Schleier gelüftet hat; in der Flamme der Schlange beten wir sie an.

Alle großen Religionen verehrten die kosmische Mutter; sie ist Adonia, Insoberta, Rhea, Kybele, Tonantzin, usw., usw., usw.

Der, der an die Jungfrau Maria glaubt, kann bitten; die heiligen Schriften sagen: „Bittet und es wird euch gegeben, klopft an und es wird euch geöffnet.“

Im großen Schoß der göttlichen Mutter entstehen die Welten.

Das Sternzeichen Jungfrau regiert den Bauch.

Das Sternzeichen Jungfrau ist sehr eng mit dem Darm verbunden und in besonderer Weise mit der Bauchspeicheldrüse und den Langerhans-Inseln, die das Insulin absondern, das für die Verdauung von Zucker so wichtig ist.

Die Kräfte, die von der Erde aufsteigen, laden sich mit den Nebennierenhormonen auf, die sie für ihren Aufstieg zum Herzen vorbereiten und reinigen, wenn sie den Bauch erreichen.

Übung:

Während des Sternzeichen Jungfrau (der himmlischen Jungfrau) müssen wir, auf dem Rücken liegend, mit entspanntem Körper, mit dem Bauch *kleine Hüpfer* machen, damit die Kräfte, die aus der Erde aufsteigen, sich im Bauch mit den Adrenalinhormonen aufladen.

Der gnostische Schüler muss die Bedeutung dieses Kessels, der Magen genannt wird, verstehen und das Laster der Völlerei für immer beenden.

Die Schüler des Herrn Buddha erhalten sich mit nur einem guten Essen am Tag.

Fische und Früchte bilden die Hauptnahrung der Bewohner des Planeten Venus.

In den Körnern und dem Gemüse aller Art befinden sich wunderbare vitale Prinzipien.

Rinder, Kühe, Stiere zu opfern, ist ein schreckliches Verbrechen, das diesen Menschen und dieser lunaren Rasse zu eigen ist.

In der Welt gab es immer zwei Rassen im ewigen Konflikt: die solare und die lunare.

Abraham, Ia-Sac, Ia-Cab, Io-Sep, waren immer Anbeter der heiligen Kuh, Io, oder der ägyptischen Göttin Is-is; während Moses, oder besser gesagt, der Reformator Esra, der die Lehren Moses veränderte, das Opfer der Kuh und des Kalbes forderte und dass deren Blut auf das Haupt aller falle, besonders auf das ihrer Kinder.

Die heilige Kuh ist das Symbol der heiligen Mutter, Isis, den kein Sterblicher den Schleier gelüftet hat.

Die zwei Mal Geborenen bilden die solare Rasse, das solare Volk.

Das Volk der solaren Rasse würde niemals eine heilige Kuh ermorden.

Die zwei Mal Geborenen sind Söhne der heiligen Kuh.

Der Exodus, Kapitel XXIX, ist reine und echte schwarze Magie.

In diesem Kapitel, das zu Unrecht Moses zugeschrieben wird, wird die rituelle Zeremonie eines Rinderopfers ausführlich beschrieben.

Die lunare Rasse hasst die heilige Kuh abgrundtief.

Die solare Rasse betet die heilige Kuh an. H. P. Blavatsky sah tatsächlich eine Kuh mit fünf Beinen.

Das fünfte Bein kam aus ihren Rücken, mit ihm kratze sie sich, verjagte die Fliegen, usw.

Jene Kuh wurde von einem Jungen der Sekte Sadhu geführt, in den indischen Ländern.

Die heilige fünfbeinige Kuh ist der Wächter der Länder und Tempel des Jinas; Prakriti, die göttliche Mutter entwickelt im solaren Menschen die Kraft, die uns erlaubt, in die Länder des Jinas, in seine Paläste, in seine Tempel, in die Gärten der Götter einzutreten.

Das Einzige, was uns von dem Land der Zauber und Wunder des Jinas trennt, ist ein großer Stein, den wir zu verrücken wissen müssen.

Die Kabbala ist die Wissenschaft von der Kuh; wenn wir die drei Silben von Kabbala umgekehrt lesen, haben wir la-va-ca (auf Deutsch: „die Kuh“), (Anm. des Übers.: im Spanischen wird „v“ auch wie „b“ ausgesprochen).

Der Stein von Kaaba in Mekka umgekehrt gelesen, ergibt „vaca“ (die Kuh) oder der Stein der Kuh.

Das große Heiligtum von Kaaba ist in Wirklichkeit das Heiligtum der Kuh.

Prakriti im Menschen wird fruchtbar mit dem heiligen Feuer und verwandelt sich in die heilige Kuh mit fünf Beinen.

Die Sure 68 des Korans ist wunderbar; sie spricht von den Gliedern der Kuh als etwas Außergewöhnlichem, das fähig ist, sogar die Toten auferstehen zu lassen, d. h., die lunaren Menschen (intellektuelle Tiere), um sie zum ursprünglichen Licht der solaren Religion zu führen.

Wir, die Gnostiker, verehren die heilige Kuh, wir verehren die göttliche Mutter.

Mithilfe der heiligen fünfbeinigen Kuh können wir mit dem physischen Körper im Jinas-Zustand die Tempel der Götter betreten.

Wenn der Schüler tief über die fünfbeinige Kuh meditiert, über die göttliche Mutter und sie bittet, seinen physischen Körper in den Jinas-Zustand zu versetzen, kann er Erfolg haben.

Das Wichtigste ist, sich vom Bett zu erheben, ohne den Schlaf zu verlieren, wie ein Schlafwandler.

Den physischen Körper in die vierte Dimension zu versetzen, ist etwas Außergewöhnliches, etwas Wunderbares, und das ist nur mithilfe der heiligen fünfbeinigen Kuh möglich.

Wir müssen die heilige Kuh vollständig in uns selbst entwickeln, um das Wunder der Jinas-Wissenschaft zu vollbringen.

Die göttliche Mutter ist ihrem Sohn sehr nahe, sie ist im Innersten eines jeden von uns und sie, genau sie, müssen wir in den schwierigen Momenten der Existenz um Hilfe bitten.

Es existieren drei Klassen von Nahrung: sattwisch, rajasisch und tamasisch.

Sattvische Nahrungsmittel bestehen aus Blüten, Körnern, Früchten und dem, was Liebe genannt wird.

Rajasische Nahrungsmittel sind stark, leidenschaftlich, sehr scharf, sehr salzig, sehr süß, usw.

Tamasische Nahrungsmittel bestehen eigentlich aus Blut und rotem Fleisch, sie haben keine Liebe, sie werden gekauft und verkauft oder sie werden mit Eitelkeit, Stolz und Hochmut angeboten.

Esst, was ihr zum Leben braucht, nicht zu wenig, nicht zu viel, trinkt reines Wasser, segnet das Essen.

Das Sternzeichen Jungfrau ist ein Tierkreiszeichen der jungfräulichen Mutter der Welt, es ist die Heimat von Merkur, seine Mineralien sind Jaspis und Smaragd.

In der Praxis konnten wir nachweisen, dass die Jungfrau Geborenen unglücklicherweise exzessive Rationalisten sind, jenseits des Normalen und von Natur aus skeptisch. Der Verstand, der Intellekt, sind sehr notwendig, aber wenn sie das normale Maß übersteigen, sind sie schädlich.

Die Jungfrau Geborenen sind geeignet für Wissenschaft, Psychiatrie, Medizin, Laborarbeit, Pädagogik, Naturheilkunde, usw., usw., usw.

Die Jungfrau Geborenen verstehen sich nicht mit den Fische Geborenen, und deshalb raten wir ihnen, eine Ehe mit Fische Geborenen zu vermeiden.

Das Bedauerliche an den Menschen des Sternzeichens Jungfrau ist ihre Trägheit und Skepsis, die sie charakterisieren.

Es ist jedoch interessant zu wissen, dass diese angespannte Trägheit dazu tendiert, sich vom Materiellen zum Spirituellen zu bewegen, bis dorthin, wo sie durch Erfahrung zugänglich ist.

Das kritisch-analytische Talent der Jungfrau Geborenen ist gewaltig, und unter den großen Genies dieses Zeichens ist Goethe, der es geschafft hat, das Materielle, die Trägheit, zu überwinden und in die hohe wissenschaftliche Spiritualität einzutreten.

Aber nicht alle Jungfrau Geborenen sind Goethe.

In der Regel häufen sich unter den Mittelmäßigen dieses Zeichens die materialistischen Atheisten, die Feinde von allem, was nach Spiritualität riecht.

Der Egoismus der mittelmäßigen Jungfrau Geborenen ist sehr grotesk und ekelhaft, aber die Goethes des Sternzeichens Jungfrau sind genial und sehr altruistisch und zutiefst uneigennützig.

Die Jungfrau Geborenen leiden in der Liebe und erleben große Enttäuschungen, weil Venus, der Stern der Liebe, in der Jungfrau im Exil ist.

Waage

(23. September bis 22. Oktober)

Der schwächliche westliche Verstand vergaß bei der Aufstellung des unnachgiebigen Dogmas der Evolution die destruktiven Prozesse der Natur vollständig.

Es ist merkwürdig, dass der entartete Verstand den ungekehrten, involutiven Prozess in großem Maßstab nicht begreifen kann.

Der Verstand im entarteten Zustand verwechselt einen Fall mit einem Abstieg; und der Prozess der Zerstörung, der Auflösung in großem Maßstab, die Degeneration, usw., wird als Veränderung, Fortschritt, Evolution bewertet.

Alles evolutioniert und involutioniert, steigt und fällt, wächst und schrumpft, kommt und geht, fließt und fließt zurück; in allem gibt es eine Systole und eine Diastole nach dem Gesetz des Pendels.

Die Evolution und ihre Zwillingsschwester die Involution sind zwei Gesetze, die sich in allem Erschaffenen koordiniert und harmonisch entwickeln und wirken.

Die Evolution und die Involution bilden die mechanische Achse der Natur.

Die Evolution und die Involution sind zwei mechanische Gesetze der Natur, die nichts mit der inneren Selbstverwirklichung des Menschen zu tun haben.

Die innere Selbstverwirklichung des Menschen kann niemals das Produkt irgendeines mechanischen Gesetzes sein, sondern ist das

Ergebnis einer bewussten Arbeit, die über sich selbst und in sich selbst gemacht werden muss, beruhend auf gewaltigen Anstrengungen, tiefem Verständnis und absichtlichem freiwilligem Leiden.

Alles kehrt zum ursprünglichen Ausgangspunkt zurück und das lunare Ego kehrt nach dem Tod in einen neuen Schoß zurück.

Es steht geschrieben, dass jedem Menschen einhundertacht Leben zugewiesen werden, um sich selbst zu verwirklichen.

Vielen Menschen läuft die Zeit davon.

Diejenigen, die sich innerhalb ihrer festgelegten Zeit nicht selbstverwirklichen, hören auf, geboren zu werden und treten in die höllischen Welten ein.

Zur Unterstützung des Gesetzes der Involution oder der Regression sagt die Bhagavad Gita: „Alle sie, die Bösen, Grausamen und Degradierten, sie werfe ich ewig in die azurischen (dämonischen) Bäuche, damit sie in diesen Welten (Höllenwelten) geboren werden."

„Oh Kouteya, diese verblendeten Menschen gehen für viele Leben in die dämonischen Gebärmütter und fallen in immer niedere Körper (Involution). Dreifach ist die Tür dieser zerstörerischen Hölle; sie ist aus Lüsternheit, Zorn und Gier gemacht; deshalb müssen diese aufgegeben werden."

Der Vorraum der höllischen Welten ist der involutive Abstieg in immer niedere Körper, nach dem Gesetz der Involution.

Diejenigen, die durch die Spirale des Lebens herabsteigen, fallen für einige Leben in dämonische Gebärmütter, bevor sie in die Höllenwelten der Natur eintreten, die sich nach Dante im Inneren des irdischen Organismus befinden.

Im zweiten Kapitel sprachen wir bereits über die heilige Kuh und ihre tiefe Bedeutung, es ist sehr merkwürdig, dass jeder Brahmane in Indien, wenn er den Rosenkranz betet, hundertacht Perlen zählt.

Es gibt Hindus, die ihre heiligen Pflichten als nicht erfüllt ansehen, wenn sie nicht einhundertacht Umdrehungen um die heilige Kuh gemacht haben, mit dem Rosenkranz in ihren Händen, und wenn sie nicht den Schwanz der Kuh für einen Augenblick in ein Glas Wasser tauchen und es trinken, wie das heiligste und köstlichste göttliche Getränk.

Es ist dringend notwendig, sich zu erinnern, dass die Halskette des Buddha einhundertacht Perlen hat.

All dies lädt uns dazu ein, über die einhundertacht Leben nachzudenken, die dem Menschen zugeschrieben werden.

Es ist klar, dass jeder, der diese einhundertacht Leben nicht nutzt, in die Involution der Höllenwelten eintritt.

Die infernalische Involution ist ein Rückschritt in die Vergangenheit, durch alle tierischen, pflanzlichen und mineralischen Zustände, mit furchtbaren Leiden.

Die letzte Stufe der infernalischen Involution ist der fossile Zustand, danach kommt die Auflösung der Verlorenen.

Das Einzige, was in dieser ganzen Tragödie gerettet wird, das Einzige, das sich nicht auflöst, ist die Essenz, das Buddhata, dieser Bruchteil der menschlichen Seele, den das arme intellektuelle Tier in seinen lunaren Körpern trägt.

Die Involution in den höllischen Welten hat das Ziel, das Buddhata, die menschliche Seele, zu befreien, damit sie aus dem ursprünglichen Chaos ihren evolutionären Aufstieg durch die mineralischen, pflanzlichen, tierischen Stufen wieder aufnimmt, bis sie das Niveau des intellektuellen Tieres erreicht, das man fälschlicherweise als Mensch bezeichnet.

Es ist bedauerlich, dass viele Seelen rückfällig werden und immer wieder in die Höllenwelten zurückkehren.

Die Zeit in den höllischen Welten des niederen Mineralreichs ist schrecklich langsam und langweilig; alle hundert Jahre, die schrecklich lang sind in diesen atomaren Höllenwelten der Natur, wird ein gewisses Maß an Karma gezahlt.

Wer sich in den Höllenwelten vollständig auflöst, ist in Frieden und befreit vom Gesetz des Karma.

Nach dem Tod des physischen Körpers wird jedes menschliche Wesen, nachdem es das Leben, das gerade vergangen ist, überprüft hat, von den Herren des Karma beurteilt.

Die Verlorenen kommen in die Höllenwelten, nachdem sie ihre guten und schlechten Taten auf die Waagschale der kosmischen Gerechtigkeit gelegt haben.

Das Gesetz der Waage, das schreckliche Gesetz des Karma, regiert über alles Erschaffene.

Jede Ursache wird zur Wirkung und jede Wirkung wird zur Ursache.

Wenn man die Ursache verändert, ändert man die Wirkung.

Vollbringt gute Taten, um eure Schulden zu bezahlen.

Den Löwen des Gesetzes bekämpft man mit der Waage.

Wenn die Waagschale der schlechten Taten mehr wiegt, empfehle ich euch, das Gewicht in der Waagschale der guten Werke zu erhöhen, sodass die Waage sich zu euren Gunsten neigt.

Wer Kapital hat, mit dem er zahlen kann, bezahle und mache ein gutes Geschäft; wer kein Kapital hat, muss mit Schmerzen bezahlen.

Wenn ein niedrigeres Gesetz durch ein höheres Gesetz transzendiert wird, löscht das höhere Gesetz das niedere Gesetz aus.

Millionen von Menschen sprechen über die Gesetze der Reinkarnation und des Karma, ohne ihre tiefe Bedeutung direkt erfahren zu haben.

Tatsächlich kehrt das lunare Ego zurück, es verkörpert sich wieder, dringt in eine neue Gebärmutter ein, aber das kann nicht Reinkarnation genannt werden; wenn wir es richtig bezeichnen wollen, sagen wir, dass es eine Rückkehr ist.

Reinkarnation ist etwas anderes; Reinkarnation ist nur für Meister, für heilige Individuen, für die zweimal Geborenen, für diejenigen, die bereits das Sein besitzen.

Das lunare Ego kehrt zurück und wiederholt nach dem Gesetz der Rekurrenz in jedem Leben dieselben Handlungen, dieselben Dramen der vergangenen Leben.

Die spiralförmige Linie ist die Linie des Lebens und jedes Leben wiederholt sich, entweder in höheren evolutiven Spiralen oder in niederen involutiven.

Jedes Leben ist eine Wiederholung des vergangenen plus seiner guten oder schlechten, angenehmen oder unangenehmen Konsequenzen. Viele Menschen steigen entschieden und definitiv von Leben zu Leben durch die involutive Spirale ab, bis sie schließlich in die höllischen Welten eintreten.

Diejenigen, die sich selbstverwirklichen wollen, müssen sich aus dem Teufelskreis der evolutiven und involutiven Naturgesetze befreien.

Wer wirklich den Zustand des intellektuellen Tieres verlassen will, wer sich ernsthaft in einen wahren Menschen verwanden will, muss sich von den mechanischen Gesetzen der Natur befreien.

Jeder, der zweimal geboren werden will, jeder, der die innere Selbstverwirklichung wünscht, muss den Pfad der Revolution des Bewusstseins betreten; das ist der Weg auf Messers Schneide.

Dieser Pfad ist innerlich und äußerlich voller Gefahren.

Der Dhammapada sagt: „Unter den Menschen gibt es nur wenige, die das andere Ufer erreichen. Die anderen bleiben an diesem Ufer und rennen von einem Ort zum anderen."

Jesus der Christus sagt: „Von Tausend, die mich suchen, findet mich einer, von Tausend, die mich finden, folgt mir einer, von Tausend, die mir folgen, ist einer mein."

Die Bhagavad Gita sagt: „Unter Tausenden von Menschen versucht vielleicht einer die Vollkommenheit zu erreichen, unter denen, die es versuchen, erreicht vielleicht einer die Vollkommenheit und unter den Vollkommenen kennt mich vielleicht einer vollkommen."

Der göttliche Rabbi von Galiläa hat nie gesagt, dass das Gesetz der Evolution alle Menschen zur Vollkommenheit führen würde.

Jesus betont in den vier Evangelien die Schwierigkeit, in das Königreich einzutreten.

Müht euch, hineinzukommen durch die enge Pforte; denn ich sage euch: Viele werden hineinzukommen suchen und es nicht vermögen.

Sobald der Hausherr sich erhoben und die Türe verschlossen hat und ihr draußen steht und an die Pforte zu klopfen beginnt und ruft: Herr, mach uns auf!, wird er euch zur Antwort geben: Ich weiß von euch nicht, woher ihr seid.

Dann werdet ihr sagen: Wir haben vor deinen Augen gegessen und getrunken, und du hast auf unseren Straßen gelehrt.

Und er wird antworten: Ich sage euch: Ich weiß nicht, woher ihr seid; weicht von mir alle, die ihr die Werke des Bösen tut!

Da wird Heulen sein und Zähneknirschen, wenn ihr Abraham, Isaak, Jakob und alle Propheten im Reiche Gottes sehen werdet, euch selbst aber ausgestoßen.

Das Gesetz der natürlichen Auslese existiert in allem Erschaffenen: Nicht alle Studenten, die eine Universität betreten, bekommen einen Abschluss.

Der Christus Jesus hat nie gesagt, dass das Gesetz der Evolution alle Menschen zum Endziel führen würde.

Einige Pseudo-Esoteriker und Pseudo-Okkultisten sagen, dass das man Gott auf vielen Wegen erreicht.

Das ist wirklich ein Sophismus, mit dem sie ihre eigenen Fehler rechtfertigen wollen.

Der große Hierophant Jesus der Christus wies nur auf eine einzige Tür und einen einzigen Weg hin: *Doch wie eng ist das Tor und wie schmal der Weg, der zum Leben führt, und wenige sind es, die ihn finden.*

Die Tür und die Straße sind durch einen großen Stein versiegelt, glücklich derjenige, der diesen Stein verrücken kann, aber das ist kein Thema dieser Lektion, das gehört zur Lektion des Skorpions, jetzt studieren wir das Tierkreiszeichen der Waage, das Sternzeichen Waage.

Wir müssen uns unseres eigenen Karmas bewusst werden, und das ist nur durch den Zustand der Wachsamkeit möglich.

Jede Wirkung im Leben, jedes Ereignis hat seine Ursache in einem früheren Leben, aber wir müssen uns dessen bewusst werden.

Jeder Moment der Freude oder des Schmerzes muss in der Meditation mit ruhigem Verstand und in tiefer Ruhe untersucht werden.

Das Ergebnis wird sein, dass wir dasselbe Ereignis in einem früheren Leben durchlebt haben.

Dann werden wir uns der Ursache des Ereignisses bewusst, sei es angenehm oder unangenehm.

Wer das Bewusstsein erweckt, kann in seinen inneren Körpern außerhalb des physischen Körpers willentlich reisen und sein eigenes Buch des Schicksals studieren.

Im Tempel von Anubis und seinen zweiundvierzig Richtern kann der Eingeweihte sein eigenes Buch studieren. Anubis ist der höchste Regent des Karma. Der Tempel von Anubis befindet sich in der molekularen Welt, von vielen Menschen Astralwelt genannt.

Die Eingeweihten können direkt mit Anubis Geschäfte machen.

Wir können all unsere karmische Schulden mit guten Taten tilgen, aber wir müssen mit Anubis verhandeln.

Das Gesetz des Karma, das Gesetz der kosmischen Waage, ist kein blindes Gesetz; man kann auch einen Kredit bei den Herren des Karma beantragen, aber alle Kredite müssen mit guten Werken bezahlt werden, und wenn man nicht zahlt, dann wird das Gesetz sie mit Schmerzen einfordern.

Das Sternzeichen Waage regiert die Nieren. Waage ist das Zeichen der ausgleichenden Kräfte, und in den Nieren müssen die Kräfte unseres Organismus völlig ausgeglichen werden.

Übung:

Stellt euch in eine gerade militärische Position und streckt dann eure Arme in Form eines Kreuzes oder einer Waage und bewegt euch wie eine Waage, sieben Mal nach rechts und sieben Mal nach links, mit der Absicht, dass alle eure Kräfte sich in den Nieren ausgleichen.

Die Bewegung der oberen Hälfte der Wirbelsäule sollte der einer Waage entsprechen.

Die Kräfte, die von der Erde aufsteigen und durch den Filter unserer Füße entlang des gesamten Organismus strömen, müssen an der Taille ausgeglichen werden, und dies wird erfolgreich durch die wiegende Bewegung der Waage erreicht.

Waage wird von Venus und Saturn regiert.

Das Metal ist Kupfer.

Der Stein ist der Chrysolith.

In der Praxis konnten wir nachweisen, dass die Waage Geborenen in der Mehrheit ein gewisses Ungleichgewicht in Dingen haben, die mit dem ehelichen Leben, der Liebe, zu tun haben.

Die Waage Geborenen schaffen viele Probleme wegen ihrer Art, offen und gerechtigkeitsliebend zu sein.

Die gut aspektierten Waage Geborenen mögen die Dinge korrekt und gerecht.

Die Leute verstehen die Waage Geborenen nicht gut, sie erscheinen ihnen manchmal grausam und rücksichtslos, sie wissen nichts oder wollen nichts von Diplomatie wissen, Heuchelei stört sie, die sanften Worte der Scheinheiligen ärgern sie eher, anstatt sie zu besänftigen.

Die Waage Geborenen haben den Fehler, den Mitmenschen nicht vergeben zu können, in allem wollen sie das Gesetz und nichts anderes als das Gesetz sehen und vergessen oft die Gnade.

Die Waage Geborenen lieben es sehr zu reisen und sie erfüllen treu ihre Pflichten. Die Waage Geborenen sind, was sie sind und nichts anderes als das, offen und gerechtigkeitsliebend.

Die Leute ärgern sich oft über die Waage Geborenen, sie schätzen sie falsch ein durch diese Art zu sein und natürlich spricht man schlecht über sie und sie haben oft grundlos Feinde. Man kann mit dem Waage Geborenen kein doppeltes Spiel treiben, das toleriert und verzeiht er nicht.

Mit den Waage Geborenen sollte man immer freundlich und liebenswürdig oder aber streng sein, aber niemals dieses doppelte Spiel von Zuckerbrot und Peitsche treiben, denn das duldet und verzeiht der Waage Geborene niemals.

Der höhere Typ der Waage ist immer absolut keusch.

Der niedere Typ der Waage ist sehr unzüchtig und ehebrecherisch.

Der höhere Typ der Waage hat eine bestimmte Spiritualität, die die Spiritualisten nicht verstehen und falsch beurteilen.

Unter den niederen negativen Typen der Waage gibt es schillernde und redegewandte vielseitige Menschen, die gerne in der ersten Reihe stehen und die Aufmerksamkeit aller bekommen.

Der höhere Typ der Waage möchte immer anonym und unbekannt leben, fühlt sich nicht angezogen von Ruhm, Lorbeeren und Prestige.

Der höhere Typ der Waage zeigt Vernunft und hat einen Sinn für Voraussicht und Sparsamkeit.

Der niedere Typ der Waage ist sehr oberflächlich und gierig.

Beim durchschnittlichen Typ der Waage mischen sich normalerweise viele positive und negative Eigenschaften des höheren und des niederen Typs der Waage Geborenen.

Für die Waage Geborenen eignen sich als Ehepartner Fische Geborene.

Die Waage Geborenen lieben es, gemeinnützige Werke zu tun, ohne Belohnung zu erwarten oder damit zu prahlen oder die geleistete Arbeit zu veröffentlichen.

Der höhere Typ der Waage liebt erlesene Musik, erfreut sich daran und genießt sie auf höchstem Niveau.

Die Waage Geborenen fühlen sich auch von gutem Theater, guter Literatur, usw., angezogen.

Skorpion

(23. Oktober bis 22. November)

Der große Hierophant Jesus der Christus sagte zu Nikodemus: *Wahrlich ich sage dir: Wenn jemand nicht von Neuem geboren wird, kann er das Reich Gottes nicht sehen.*

Es ist notwendig, aus Wasser und Geist geboren zu werden, um in das Reich der Esoterik, das *magis regnum*, einzutreten.

Es ist dringend notwendig, von Neuem geboren zu werden, um das Recht zu haben, in das Königreich einzutreten.

Es ist dringend notwendig, dass wir uns in zwei Mal Geborene umwandeln.

Diese zweite Geburt wurde weder von Nikodemus noch von all den biblischen Sekten verstanden.

Es ist notwendig, eine vergleichende Studie der Religionen durchzuführen und den Schlüssel des Arkanums A. Z. F. zu kennen, wenn man wirklich die Worte Jesu an Nikodemus verstehen will.

Die verschiedenen biblischen Sekten sind voll und ganz davon überzeugt, dass sie wirklich verstehen, was es bedeutet, von Neuem geboren zu werden und sie interpretieren es auf die verschiedenste Weise; aber, obwohl sie die Bibel sehr gut kennen und einen Vers mit einem anderen begründen und versuchen, einen Vers mit einem anderen oder verschiedenen anderen Versen zu erklären, ist die Realität, dass sie es nicht verstehen, wenn sie nicht den geheimen Schlüssel besitzen, das Arkanum A. Z. F.

Nikodemus war ein weiser Mann, er kannte die heiligen Schriften zutiefst und dennoch verstand er nicht und er sagte:

Wie kann ein Mensch geboren werden, der alt ist?

Kann er noch einmal in den Schoß seiner Mutter eingehen und geboren werden?

Da gab Jesus, der große Kabir, Nikodemus eine Antwort wie es die Mayas tun würden: *Wahrlich, wahrlich, ich sage dir: Wenn einer nicht geboren wird aus Wasser und Geist, kann er nicht eingehen in das Reich Gottes.*

Es ist klar, dass, wer nicht mehr Informationen hat als leere Worte, wer die doppelte Bedeutung der biblischen Verse nicht versteht, wer das Arkanum A.Z.F. nie kennengelernt hat, interpretiert diese Worte des großen Kabirs auf seine eigene Weise, mit der einzigen Information, die er besitzt, und glaubt, dass mit der Taufe in seiner Sekte oder Ähnlichem das Problem der zweiten Geburt bereits gelöst ist.

Für die Mayas ist der Geist ein lebendiges Feuer und sie sagen: *Wir müssen das Obere mit dem Unteren durch Wasser und Feuer vereinigen.*

Die hinduistischen Brahmanen symbolisieren die zweite Geburt sexuell.

In der Liturgie wird eine sehr große Kuh aus Gold gebaut und der Kandidat für die zweite Geburt muss dreimal durch den hohlen Körper der Kuh kriechen, durch die Vulva herauskommen und wird so als wahrer Brahmane Dwipa geweiht, oder als zwei Mal Geborener, ein Mal von seiner Mutter und ein Mal von der Kuh.

So erklären die Brahmanen symbolisch die zweite Geburt, die Jesus Nikodemus gelehrt hat.

Wie wir in den vorhergehenden Kapiteln sagten, stellt die Kuh die göttliche Mutter dar, aber das Interessante ist, dass die Brahmanen sich selbst die zwei Mal Geborenen nennen und ihre zweite Geburt ist sexuell, sie werden geboren von der Kuh und kommen durch die Vulva aus ihrem Bauch.

Dieses Thema ist sehr heikel und die lunare Rasse hasst es tödlich, sie bevorzugt es, die Kuh zu töten und jeden zu beleidigen, der von den Geheimnissen der Sexualität und des Arkanum A. Z. F. spricht.

Die Brahmanen sind nicht zwei Mal Geborene, aber symbolisch sind sie es. Der Freimaurer Meister ist auch kein wahrer Meister, aber symbolisch ist er es. Das Interessante ist, die zweite Geburt zu erlangen und das Problem ist zu hundert Prozent sexuell.

Wer wirklich das Gebiet der vierten Dimension betreten will, diese Täler, Berge und Tempel des Jinas, jenes Reich der zwei Mal Geborenen, muss mit dem rohen Stein arbeiten: man muss ihn meißeln, ihn formen, wie wir in der Sprache der Freimaurer sagen würden.

Wir müssen respektvoll diesen wunderbaren Stein erheben, der uns vom Land der tausendundeinen Nacht trennt, vom Land der Wunder, wo die zwei Mal Geborenen glücklich leben.

Es ist unmöglich, den Stein zu heben, ihn anzuheben, wenn wir ihm nicht vorher eine kubische Form gegeben haben mit Meißel und Hammer.

Petrus, der Jünger Jesu Christi, ist der Aladdin, der wunderbare Darsteller, der befugt ist, den Stein zu heben, der das Heiligtum der großen Mysterien verschließt.

Der ursprüngliche Name von Petrus ist *Patar*, mit den drei Konsonanten, P. T. R., die radikal sind.

P. Erinnert uns an den Vater, der im Verborgenen ist, an die Väter der Götter, an unsere Väter oder Pitaras.

T. Das Tau, der göttliche Hermaphrodit, Mann und Frau vereinigt im sexuellen Akt.

R. Dieser Buchstabe ist entscheidend in INRI, er ist das heilige Feuer und furchtbar göttlich, der ägyptische Ra.

Petrus, Patar, der Erleuchtende, ist der Meister der Sexualmagie, der gütige Meister, der uns immer am Eingang des schrecklichen Weges erwartet.

Die religiöse Kuh, der berühmte kretische Minotaurus, das ist das Erste, was wir im mystischen Untergrund finden, der zum Land der zwei Mal Geborenen führt.

Der Stein der Weisen der mittelalterlichen Alchimisten ist die Sexualität und die zweite Geburt ist sexuell.

Das Kapitel VIII der Gesetze von Manú besagt: *Ein Königreich, das vor allem von Sudras bevölkert ist, von gottlosen Menschen und ohne zwei Mal geborene Einwohner, wird ganz schnell zugrunde gehen, angegriffen von Hunger und Krankheit.*

Ohne die Lehre von Petrus ist die zweite Geburt unmöglich.

Wir Gnostiker studieren die Lehre von Petrus.

Die Infrasexuellen, die Entarteten, hassen die Lehre des Petrus tödlich.

Es gibt viele aufrichtig irrende Menschen, die glauben, dass sie sich ohne Sexualität selbstverwirklichen können.

Es gibt viele, die gegen die Sexualität sprechen, die die Sexualität beleidigen, die all ihren verleumderischen Geifer im heiligen Sanktuarium des dritten Logos ausspucken.

Diejenigen, die die Sexualität hassen, diejenigen, die sagen, dass die Sexualität grob, schmutzig, tierisch, bestialisch ist, sind diejenigen, die gegen den Heiligen Geist lästern, ihn beleidigen.

Wer sich gegen die Sexualmagie ausspricht, wer seine Niederträchtigkeit im Sanktuarium des dritten Logos ausspuckt, wird niemals die zweite Geburt erreichen können.

Der Name der Sexualmagie auf Sanskrit ist Maithuna.

Die Lehre des Petrus ist die Maithuna, und Jesus sagte: *Du bist Petrus (Stein), und auf diesen Felsen will ich meine Kirche bauen, und die Pforten der Unterwelt werden sie nicht überwältigen.*

Der Schlüssel der Maithuna ist das schwarze Lingam, eingeführt in die Yoni, dies sind die Attribute des Gottes Shiva, des dritten Logos, des Heiligen Geistes.

In der Maithuna muss der Phallus in die Vagina eindringen, aber der Samendarf niemals ejakuliert oder verschüttet werden.

Das Paar muss sich vom sexuellen Akt zurückziehen, bevor es den Spasmus erreicht, um das Verschütten der Samenflüssigkeit zu vermeiden.

Das gezügelte Verlangen verwandelt die Samenflüssigkeit in schöpferische Energie.

Die sexuelle Energie steigt auf bis zum Gehirn.

So wird das Gehirn besamt, so wird der Samen rationalisiert.

Maithuna ist die Übung, die uns erlaubt, Kundalini, die feurige Schlange unserer magischen Kräfte, zu erwecken und zu entwickeln.

Wenn Kundalini erwacht, steigt sie durch den Rückenmarkkanal entlang der Wirbelsäule auf.

Kundalini öffnet die sieben Kirchen der Apokalypse des heiligen Johannes.

Die sieben Gemeinden befinden sich in der Wirbelsäule.

Die erste Gemeinde ist Ephesus und entspricht den Geschlechtsorganen.

In der Gemeinde von Ephesus schläft die heilige Schlange dreieinhalb Mal eingerollt.

Die zweite Gemeinde ist Smyrna, auf der Höhe der Prostata gelegen und sie gibt uns Macht über das Wasser.

Die dritte Gemeinde ist Pergamon, sie befindet sich auf Höhe des Nabels und gibt uns die Macht über das Feuer.

Die vierte Gemeinde ist Thyatira, auf der Höhe des Herzens gelegen und sie gibt uns die Macht über die Luft und viele Mächte, wie die willentliche Verdoppelung, den Jinas-Zustand, usw.

Die fünfte Gemeinde ist Sardes, die sich auf der Höhe des kreativen Kehlkopfes befindet und uns die Macht des magischen

Ohres gibt, die uns erlaubt, die Stimmen der höheren Welten und die Musik der Sphären zu hören.

Die sechste Gemeinde ist Philadelphia und befindet sich auf der Höhe der Augenbrauen und gibt uns die Macht, die inneren Welten und die Wesen, die sie bevölkern, zu sehen.

Die siebte Gemeinde ist Laodizea.

Diese wunderbare Gemeinde ist der Lotus der tausend Blütenblätter und sie befindet sich in der Zirbeldrüse, dem oberen Teil des Gehirns.

Laodicea verleiht uns die Macht der Vielsichtigkeit, mit der wir alle Geheimnisse des großen Tages und der großen Nacht studieren können.

Das heilige Feuer von Kundalini öffnet die sieben Gemeinden der Reihe nach, während es langsam durch den Rückenmarkkanal aufsteigt.

Die feurige Schlange unserer magischen Kräfte steigt sehr langsam auf, im Einklang mit den Verdiensten des Herzens.

Die solaren und lunaren Ströme der sexuellen Energie haben, wenn sie im Tribeni, nahe dem Steißbein, der Wirbelsäule, aufeinandertreffen, die Macht, die heilige Schlange zu erwecken, damit sie durch den Rückenmarkkanal aufsteigt.

Das heilige Feuer, das durch die Wirbelsäule aufsteigt, hat die Gestalt einer Schlange.

Das heilige Feuer hat sieben Grade der Macht. Es ist dringend notwendig, mit den sieben Graden der Macht des Feuers zu arbeiten. Die Sexualität selbst ist die neunte Sphäre.

Der Abstieg in die neunte Sphäre war in den antiken Mysterien die höchste Prüfung für die höchste Würde des Hierophanten; Buddha, Jesus der große Kabir, Hermes, Zoroaster, Mohammed, Dante, usw., usw., usw., mussten diese höchste Prüfung durchlaufen.

Es gibt viele pseudo-esoterische oder pseudo-okkultistische Studenten, die, wenn sie okkultistische oder pseudo-okkultistische

Literatur lesen, sofort in das Land der Wunder des Jinas eintreten wollen, in die Glückseligkeit der ständigen Ekstase, usw.

Diese Schüler wollen nicht verstehen, dass man, um hinaufzugehen, zuerst nach unten gehen muss.

Es ist notwendig, zuerst in die neunte Sphäre abzusteigen; nur dann können wir aufsteigen.

Das Magisterium des Feuers ist sehr lang und schrecklich; wenn der Schüler den Fehler begeht, das Glas des Hermes zu verschütten, verliert er seine vorherige Arbeit, die feurige Schlange unserer magischen Mächte steigt ab.

Alle esoterischen Schulen erwähnen fünf Einweihungen der größeren Mysterien.

Diese Einweihungen stehen in engem Zusammenhang mit dem Magisterium des Feuers. Das heilige Feuer hat die Macht, die heilige Prakriti des Eingeweihten zu befruchten.

Wir sagten vorher und wiederholen es noch einmal, dass Prakriti die symbolische heilige Kuh mit fünf Beinen ist.

Wenn Prakriti innerhalb des Eingeweihten befruchtet wird, dann entwickeln sich die solaren Körper durch das Werk und die Gnade des dritten Logos in ihrem Mutterleib.

Die solare Rasse, die zwei Mal Geborenen, haben solare Körper.

Das gewöhnliche Volk, die Menschheit im Allgemeinen, ist eine lunare Rasse und hat nur lunare innere Körper.

Alle pseudo-esoterischen und pseudo-okkultistischen Schulen erwähnen die sieben Körper der Theosophie, die inneren Körper, aber sie ignorieren, dass diese Vehikel in Wirklichkeit protoplasmatische lunare Körper sind. Innerhalb dieser protoplasmatischen lunaren Körper der intellektuellen Tiere sind die Gesetze der Evolution und Involution enthalten.

Die protoplasmatischen lunaren Körper haben alle Tiere der Natur.

Die protoplasmatischen lunaren Körper stammen aus einer entfernten mineralischen Vergangenheit und kehren zu der mineralischen Vergangenheit zurück, weil alles zu seinem ursprünglichen Ausgangspunkt zurückkehrt.

Die protoplasmatischen lunaren Körper entwickeln sich bis zu einem gewissen Grade, der von der Natur definiert ist, und beginnen dann ihre involutive Rückkehr zum ursprünglichen Ausgangspunkt.

Die jungfräulichen Funken, die monadischen Wellen, ließen in der mineralischen Vergangenheit die protoplasmatischen Körper entstehen, mit denen sich die elementaren Mineralien, Gnome oder Zwerge bekleideten.

Der Eintritt der mineralischen Elementale in die pflanzliche Evolution führte zu einer Veränderung der protoplasmatischen Vehikel.

Der Eintritt der pflanzlichen Elementale in die tierische Evolution der Irrationalen bewirkte natürlich neue Veränderungen in diesen protoplasmatischen Körpern.

Die protoplasmatischen Körper sind immer vielen Veränderungen unterworfen und der Eintritt der tierischen Elementale in die Gebärmütter der tierischen intellektuellen Spezies gab diesen lunaren Körpern den Aspekt, den sie haben.

Die Natur braucht das intellektuelle Tier, das fälschlicherweise Mensch genannt wird, so wie es ist, in dem Zustand, in dem es jetzt lebt.

Die ganze Evolution der protoplasmatischen Körper hat das Ziel, diese intellektuellen Maschinen zu erschaffen.

Die intellektuellen Maschinen haben die Macht, die kosmischen Energien des unendlichen Raums zu empfangen, um sie unbewusst zu transformieren und sie dann automatisch in die inneren Schichten der Erde zu übertragen.

Die Menschheit als Ganzes ist ein Organ der Natur, ein unentbehrliches Organ für den planetarischen Organismus Erde.

Wenn irgendeine Zelle dieses lebenswichtigen Organs, d. h., wenn irgendein Individuum zu bösartig ist oder seine Zeit von einhundertundacht Leben verbraucht hat, ohne Früchte zu geben, dann hört es auf, geboren zu werden, um in die Involution in den Höllenwelten zu stürzen.

Wenn jemand diesem tragischen Gesetz der protoplasmatischen Involution entfliehen will, muss er selbst und durch ungeheure Anstrengungen die solaren Körper erschaffen.

In allen Elementen der Natur, in jeder chemischen Substanz, in jeder Frucht gibt es eine entsprechende Art von Wasserstoff und der Wasserstoff der Sexualität ist Si-12.

Das Feuer, das Fohat, befruchtet den Schoß der heiligen fünfbeinigen Kuh, aber nur mit dem sexuellen Wasserstoff Si-12 bilden sich, kristallisieren sich die solaren Körper.

Innerhalb der sieben Töne der Tonleiter finden alle biologischen und physiologischen Prozesse statt, deren Endergebnis das wunderbare Elixier ist, das Sperma genannt wird.

Der Prozess beginnt mit der Note Do von dem Moment an, in dem das Essen in den Mund gelangt, und setzt sich mit den Noten Re-Mi-Fa-Sol-La fort, und wenn das musikalische Si erklingt, ist das außergewöhnliche Elixier, Samen genannt, bereit.

Der sexuelle Wasserstoff befindet sich im Samen und wir können ihn mittels eines speziellen Schocks an eine zweite höhere Oktave Do-Re-Mi-Fa-Sol-La-Si weitergeben.

Dieser besondere Schock ist die sexuelle Zügelung der Maithuna.

Die zweite musikalische Oktave kristallisiert den sexuellen Wasserstoff Si-12 in der außergewöhnlichen und wunderbaren Form des solaren Astralkörpers.

Ein zweiter Schock der Maithuna leitet den sexuellen Wasserstoff Si-12 an eine dritte höhere Oktave Do-Re-Mi-Fa-Sol-La-Si weiter.

Die dritte musikalische Oktave bewirkt die Kristallisation des sexuellen Wasserstoffs Si-12 in der großartigen Form des legitimen solaren Mentalkörpers.

Durch einen dritten Schock wird der sexuelle Wasserstoff Si-12 an eine vierte musikalische Oktave Do-Re-Mi-Fa-Sol-La-Si übergeben.

Die vierte musikalische Oktave ist die Kristallisation des sexuellen Wasserstoffs in Form des Körpers des bewussten Willens oder des Kausalkörpers.

Wer bereits die vier Körper besitzt, die als physisch, astral, mental und kausal bekannt sind, kann es sich leisten, das Sein zu inkarnieren, um ein wahrer Mensch zu werden, ein solarer Mensch.

Normalerweise wird das Sein weder geboren noch stirbt oder reinkarniert es, aber wenn wir bereits die solaren Körper haben, können wir es inkarnieren und wir werden ein wahres Sein.

Demjenigen, der weiß, verleiht das Wort Macht, niemand hat es ausgesprochen, niemand wird es aussprechen, außer demjenigen, der es inkarniert hat.

Viele gnostische Schüler fragen sich, warum wir den Vitalkörper nicht erwähnt haben und warum wir nur vier Vehikel aufzählen, mit Ausnahme des Vitalkörpers; die Antwort auf diese Frage ist, dass der Vitalkörper nur der höhere Teil des physischen Körpers ist.

In der dritten Einweihung des Feuers wird der solare Astralkörper geboren, in der vierten Einweihung des Feuers wird der solare Mentalkörper geboren, in der fünften Einweihung des Feuers wird der Kausalkörper geboren, oder der Körper des bewussten Willens.

Die fünf Einweihungen der höheren Mysterien haben nur das Ziel, die solaren Körper herzustellen. Im Gnostizismus und der Esoterik ist mit der zweiten Geburt gemeint, die solaren Körper herzustellen und das Sein zu inkarnieren.

Die solaren Körper entwickeln sich im Schoß der Prakriti. Das Sein wird durch die Arbeit und Gnade des dritten Logos im Schoß der Prakriti empfangen.

Sie ist Jungfrau vor der Geburt, bei der Geburt und nach der Geburt. Jeder Meister der Weißen Loge ist der Sohn einer unbefleckten Jungfrau. Wer die zweite Geburt erreicht, kommt aus der neunten Sphäre (die Sexualität).

Wer die zweite Geburt erreicht hat, dem ist es absolut verboten, wieder sexuellen Kontakt zu haben, und dieses Verbot gilt für alle Ewigkeit.

Wer die zweite Geburt erreicht, betritt einen geheimen Tempel; dem Tempel der zwei Mal Geborenen.

Das gewöhnliche intellektuelle Tier glaubt, dass es ein Mensch ist, aber in Wirklichkeit irrt es sich, weil nur die zwei Mal Geborenen echte Menschen sind.

Wir kennen eine Adeptin der Weißen Loge, die ihre solaren Körper in nur zehn Jahren sehr intensiver Arbeit in der neunten Sphäre erschuf; diese Dame lebt mit den Engeln, Erzengeln, Seraphim, usw.

Wenn Sie in der neunten Sphäre sehr intensiv arbeiten, ohne sich fallen zu lassen, können Sie die Erschaffung der solaren Körper in ungefähr zehn oder zwanzig Jahren ausführen.

Die lunare Rasse hasst diese Wissenschaft der heiligen Kuh, und anstatt sie zu akzeptieren, sucht sie lieber nach Schlupflöchern und Rechtfertigungen, mit scheinheiligen und heuchlerischen Reden.

Die Bonzen und Dugpas der roten Kappe, die schwarzen Magier, praktizieren schwarzen Tantrismus, ejakulieren den Samen während der Maithuna; so erwacht und entwickelt sich das abscheuliche Organ Kundartiguador.

Es ist dringend notwendig zu wissen, dass das Organ Kundartiguador die versuchende Schlange von Eden ist, das heilige Feuer, das nach unten projiziert wird, der Schwanz des Satans, dessen Wurzel sich im Steißbein befindet.

Das abscheuliche Organ Kundartiguador stärkt die lunaren Körper und das Ego. Diejenigen, die die zweite Geburt auf ein späteres Leben verschieben, verlieren die Gelegenheit und stürzen nach einhundertacht Leben in die Höllenwelten, in denen nur Weinen und Zähneknirschen herrschen. Diogenes suchte in ganz Athen mit seiner Laterne nach einem Menschen und konnte ihn nicht finden.

Die zwei Mal Geborenen, die wahren Menschen, muss man mit der Laterne von Diogenes suchen; sie sind sehr selten zu finden.

Es gibt viele pseudo-okkultistische und pseudo-esoterische Schüler, die sich selbstverwirklichen wollen, aber da sie lunar sind, wenn sie diese Wissenschaft der neunten Sphäre kennenlernen, sind sie empört, sie verfluchen uns, sie werfen all ihren verleumderischen Geifer auf uns, und wenn wir in Esras Zeiten wären, würden sie die heilige Kuh schlachten und sagen: *ihr Blut komme über uns und unsere Kinder!*

Der Weg, der in den Abgrund führt, ist mit guten Absichten gepflastert.

Nicht nur die Bösartigen fallen in den Abgrund; erinnern wir uns an das Gleichnis vom unfruchtbaren Feigenbaum.

Ein Baum, der keine Früchte trägt, wird gefällt und ins Feuer geworfen.

In den Höllenwelten leben auch großartige Schüler des Pseudo-Okkultismus und der Pseudo-Esoterik.

Skorpion ist ein sehr interessantes Sternzeichen, das Gift des Skorpions verletzt die Feinde der Maithuna tödlich, die beleidigenden Puritaner, die die Sexualität hassen, die, die gegen den dritten Logos lästern, die perversen Unzüchtigen, die Entarteten der Infrasexualität, die Homosexuellen, die Masturbatoren, usw.

Skorpion regiert die sexuellen Organe.

Skorpion ist die Heimat des Mars, eines Planeten des Krieges, und in der Sexualität liegt die Wurzel der großen Schlacht zwischen weißen und schwarzen Magiern, zwischen solaren und lunaren Kräften.

Die lunare Rasse hasst alles, was nach Maithuna (Sexualmagie), weißem Tantrismus, heiliger Kuh usw., schmeckt.

Die Skorpion Geborenen können in die schrecklichste Unzucht fallen oder sich völlig regenerieren.

In der Praxis konnten wir nachweisen, dass die Skorpion Geborenen in der ersten Lebenshälfte viel leiden und sogar eine Liebe haben, die große Bitterkeit hervorruft, aber in der zweiten Lebenshälfte ändert sich alles, ihr Glück verbessert sich sehr.

Die Skorpion Geborenen neigen zu Wut und Rache, sie verzeihen selten jemandem.

Skorpionfrauen sind immer in Gefahr, im ersten Teil ihres Lebens Witwe zu werden und in finanzieller Not zu leben.

Die Männer des Zeichens Skorpion erleiden während der ersten Lebenshälfte viel Elend, aber aufgrund ihrer Erfahrung verbessert sich ihre Lage in der zweiten Hälfte ihres Lebens.

Die Skorpion Geborenen sind Menschen mit Energie, ehrgeizig, zurückhaltend, offen, energisch.

Die Skorpion Geborenen sind als Freunde echte Freunde, aufrichtig, treu, in der Lage, sich für die Freundschaft zu opfern, aber als Feinde sind sie sehr furchterregend, rachsüchtig, gefährlich.

Das Mineral von Skorpion ist der Magnet, der Stein ist der Topas.

Übung:

Die Übung des Sternzeichens Skorpion ist die Maithuna, und sie wird nicht nur während des Sternzeichens Skorpion praktiziert, sondern ständig, bis zum Erreichen der zweiten Geburt.

Wir müssen jedoch davor warnen, dass man nie zweimal in derselben Nacht hintereinander üben sollte.

Nur eine Übung pro Tag ist erlaubt. Es ist auch dringend notwendig zu wissen, dass die Ehegattin niemals gezwungen werden sollte, Maithuna zu praktizieren, wenn sie krank ist, oder wenn sie die Menstruation hat oder schwanger ist, weil das ein Verbrechen ist.

Die Frau, die eine Kind geboren hat, darf die Maithuna erst vierzig Tage nach der Geburt praktizieren.

Die Maithuna verhindert nicht die Fortpflanzung der Spezies, da der Samen immer in die Gebärmutter gelangt, ohne dass der Samen verschüttet werden muss.

Die vielfältigen Kombinationen der unendlichen Substanz sind wunderbar.

Es gibt viele Schüler des Okkultismus, die sich beschweren, weil sie scheitern, weil sie an Samenabsonderungen leiden, weil sie Samenergüsse nicht vermeiden können.

Wir empfehlen diesen Schülern eine kleine Übung von fünf Minuten am Freitag jeder Woche, wenn der Fall sehr ernst ist, oder eine kleine Übung von fünf Minuten pro Tag, wenn der Fall nicht sehr ernst ist.

Nach einem Jahr mit diesen kleinen fünfminütigen Übungen der Maithuna können Sie fünf weitere Minuten für ein weiteres Jahr hinzufügen und im dritten Jahr üben Sie fünfzehn Minuten pro Tag.

Nach und nach können Sie in jedem Jahr die Übungszeit der Maithuna verlängern, bis Sie eine Stunde am Tag trainieren können.

Schütze

(22. November bis 21. Dezember)

Von Geber bis zum rätselhaften und mächtigen Grafen Cagliostro, der Blei in Gold verwandelte und Diamanten von höchster Qualität herstellte, gab es eine lange Reihe von Alchemisten und Erforschern des philosophischen Steines (die Sexualität).

Offenkundig ist es ganz klar, dass nur jene Weisen, die das lunare Ego auflösten und die Eitelkeiten dieser Welt verachteten, in ihren Forschungen wirklich erfolgreich waren. Unter all jenen Alchimisten und siegreichen Adepten, die im Laboratorium der sexuellen Alchemie arbeiteten, stachen Basilius Valentinus, Ripley, Roger Bacon, usw. hervor.

Über Nicolas Flamel wird immer noch sehr diskutiert; einige vermuten, dass er das schwierige Ziel in seinem Leben nicht erreicht hat. Als er sich weigerte, sein Geheimnis dem König zu offenbaren, beendete er seine Tage in der schrecklichen Bastille.

Wir sind tatsächlich davon überzeugt, dass Nicolas Flamel, der große Alchemist, es geschafft hat, das ganze Blei seiner Persönlichkeit in das wunderbare Gold des Geistes zu verwandeln.

Trevisanus, der berühmte Trevisanus, gab sein gesamtes Vermögen auf der Suche nach dem Stein der Weisen aus und schaffte es, das Geheimnis mit fünfundsiebzig Jahren zu entdecken, schon zu spät.

Der philosophische Stein ist die Sexualität und das Geheimnis ist die Maithuna, die Sexualmagie, aber der arme Trevisanus, obwohl er sehr intelligent war, entdeckte erst im hohen Alter das Geheimnis.

Paracelsus, Schüler von Trithemius und großer alchemistischer Arzt kannte das Geheimnis des philosophischen Steines, er verwandelte Blei in Gold und erreichte erstaunliche Heilungen.

Viele gehen davon aus, dass Paracelsus einen gewaltsamen Tod starb, durch Mord oder Selbstmord, weil er einen Teil der Mysterien enthüllt hatte, aber die Wahrheit ist, dass Paracelsus verschwand, ohne dass man weiß wie oder warum.

Wir alle wissen, dass Paracelsus das, was man das Elixier des ewigen Lebens nennt, erlangt hat und dass er mit diesem wunderbaren Elixier immer noch lebt, mit dem gleichen physischen Körper, den er im Mittelalter hatte.

Der berühmte Arzt John Dee suchte nach dem Stein der Weisen und fand ihn nie, aber die Suche stürzte ihn ins schrecklichste Elend.

In den letzten Jahren seines Lebens degenerierte der arme Arzt schrecklich durch den Spiritismus und wurde zum Spielzeug der niederen Wesen, die in der molekularen Welt leben.

Seton wurde inhaftiert, weil er sich weigerte, das Geheimnis des Steines der Weisen preiszugeben.

Dr. Prise von der Royal Society of London gelang es, physisches Blei in materielles Gold zu verwandeln, aber als er das Experiment vor seinen Kollegen wiederholen wollte, scheiterte er und beging beschämt und verzweifelt Selbstmord.

Delisle, der große Delisle, wurde aus den gleichen Gründen inhaftiert und als er aus dem schrecklichen Kerker, in dem er gefangen war, fliehen wollte, wurde er von den Wachen getötet.

All diese Misserfolge und Hunderte andere zeigen, dass der wahre praktische Okkultismus und seine schrecklichen magischen Kräfte die schrecklichste Heiligkeit fordern, ohne die es unmöglich ist, den Gefahren der Alchemie und der Magie zu begegnen.

Von Heiligkeit in diesen Zeiten zu sprechen, ist sehr schwierig, denn die Welt ist voll von dummen Scheinheiligen, die sich rühmen heilig zu sein.

Der große Meister der Kraft, genannt Moria sagte uns in Tibet:

„Sich mit dem Innersten zu vereinigen, ist etwas sehr Schwieriges, von zwei, die versuchen, sich mit dem Innersten zu vereinen, erreicht es nur einer, denn wie der Dichter Guillermo Valencia sagte, auch zwischen den Reimen der Verse verbirgt sich das Verbrechen.“

Das Verbrechen kleidet sich als Heiliger, Märtyrer, Apostel.

Millionen von Menschen, die sich für okkulte Literatur begeistern, rühmen sich der Heiligkeit, essen kein Fleisch, rauchen nicht, trinken nicht, aber zu Hause streiten sie mit ihrem Ehepartner, schlagen ihre Söhne und Töchter, treiben Unzucht, gehen fremd, zahlen ihre Schulden nicht, halten ihre Versprechen nicht, usw., usw.

In der physischen Welt haben viele Menschen die absolute Keuschheit erreicht, aber wenn diese Personen in den inneren Welten geprüft werden, erweisen sie sich als schrecklich unzüchtig.

Viele sind die Anhänger des Pfades, die in der physischen Welt niemals ein Glas Wein trinken würden, aber in den inneren Welten erweisen sie sich als rettungslose Betrunkene, wenn sie auf die Probe gestellt werden.

Viele sind die Anhänger des Pfades, die in der physischen Welt sanfte Lämmchen sind, aber wenn sie in den inneren Welten auf die Probe gestellt werden, erweisen sie sich als wahre Tiger.

Es gibt viele Anhänger des Pfades, die kein Geld begehren, sondern nach psychischen Kräften verlangen.

In der Welt gibt es viele Anhänger des Pfades, die durch ihre Demut erstaunen, sie schlafen friedlich auf dem Boden oder vor der Tür eines reichen Mannes und geben sich mit den Brotkrumen zufrieden, die vom Tisch des Herrn fallen, aber sie sind stolz darauf, viele Tugenden zu besitzen oder prahlen mit ihrer Demut.

Viele Menschen strebten nach Heiligkeit, als sie erfuhren, dass es Fälle von wahren Heiligen gibt.

Es sind viele, die die Heiligkeit anderer beneiden und deshalb auch Heilige sein wollen.

Viele Individuen arbeiten nicht an der Auflösung des lunaren Egos wegen reiner mentaler Faulheit. Unzählige Anwärter des Lichtes essen täglich drei Festmahle, sie sind schrecklich gefräßig.

Viele kritisieren nicht mit ihrem Mund, aber sie kritisieren mit ihrem Verstand und dennoch glauben sie, dass sie nie kritisieren.

Selten sind die Anwärter, die wissen, wie man dem Vater gehorcht der im Verborgenen ist.

Fast alle Schüler des Okkultismus, lügen, wenn sie die Wahrheit sagen wollen, haben eine verlogene Zunge, behaupten Dinge, die sie nicht erlebt haben und das ist Betrug.

Heutzutage ist es sehr üblich falsches Zeugnis abzulegen und die Schüler des Okkultismus tun es, ohne zu wissen, dass sie ein Verbrechen begehen.

Die Eitelkeit kleidet sich auch in Lumpen, und es gibt viele Anwärter, die sich schlecht kleiden und verwahrlost herumlaufen, aber durch die Löcher ihrer Kleidung kann man ihre Eitelkeit sehen.

Unzählige Anwärter waren nicht in der Lage, die Selbstliebe abzulegen, sie lieben sich selbst zu sehr und sie leiden unaussprechlich, wenn jemand sie kränkt.

Viele Anwärtern sind voller schlechter Gedanken, sie haben nicht gelernt, ihren Verstand zu kontrollieren, und dennoch glauben sie, dass es gut um sie steht.

Unzählige Pseudo-Esoteriker und Pseudo-Okkultisten sind, wenn sie nicht geldgierig sind, gierig nach Wissen, sie konnten ihre Gier nicht überwinden.

Tausende von Anwärtern tragen Weltlichkeit in sich, auch wenn sie nie an einer Feier oder einer Party teilnehmen.

Viele Anhänger des Pfades waren nicht in der Lage aufzuhören zu rauben; sie stehlen die Bücher, sie gehen in alle esoterischen Schulen, um etwas mitzunehmen, auch wenn es nur Theorien und Geheimnisse sind; sie täuschen Loyalität vor während sie stehlen und kehren dann nicht zurück.

Unzählige Anhänger sagen Schimpfwörter, manche sprechen sie nur mental aus, selbst wenn ihre Lippen süße Worte aussprechen. Viele Tugendhafte sind grausam zu Menschen.

Wir kennen den Fall eines Tugendhaften, der einen Unglücklichen, der ihm ein Gedicht geschrieben hat, mit hartherzigen Worten verletzte.

Der Unglückliche war hungrig, und da er Dichter war, schrieb er dem tugendhaften Mann ein Gedicht um eine Münze zu erhalten, die Antwort war hart, der Tugendhafte, der sich der Bescheidenheit und Demut rühmte, beschimpfte den Hungrigen.

Eine Vielzahl von Anwärtern des Lichtes wird von den Lehrern bestimmter Schulen gequält und gedemütigt.

Es gibt viele Menschen, die zu allem im Leben fähig wären, außer jemanden zu töten, aber sie töten mit ihrer Ironie, mit ihren schlechten Taten, mit ihrem verletzenden Gelächter, mit harten Worten.

Es gibt viele Ehemänner, die ihre Frauen mit ihren schlechten Taten, mit ihrem schlechten Benehmen, mit ihrer schrecklichen Eifersucht, mit Undankbarkeit, usw., getötet haben.

Es gibt viele Frauen, die ihre Ehemänner mit ihrem schlechten Charakter, mit ihrer dümmlichen Eifersucht, mit ihren rücksichtlosen Forderungen, usw., usw., getötet haben.

Wir dürfen nicht vergessen, dass jede Krankheit psychische Ursachen hat. Die Beleidigung, die Ironie, das laute, beleidigende Gelächter, die negativen Worte verursachen Schaden, Krankheiten, Mord, usw.

Viele Väter und Mütter hätten länger gelebt, wenn ihre Kinder es zugelassen hätten. Fast alle Menschen sind unbewusste Muttermörder, Vatermörder, Brudermörder, Gattenmörder, usw., usw.

Es fehlt Mitleid bei den Schülern des Okkultismus, sie sind unfähig, sich für ihre leidenden und weinenden Mitmenschen zu opfern. Es gibt keine wahre Nächstenliebe in Tausenden von Anwärtern, sie glauben an Nächstenliebe, aber wenn wir sie rufen, um eine neue Gesellschaftsordnung in der Welt zu errichten, fliehen sie entsetzt oder rechtfertigen sich und sagen, dass das Gesetz des Karmas und der Evolution alles lösen wird.

Die Anwärter des Lichts sind grausam, rücksichtslos, sie sagen, dass sie lieben und sie lieben nicht, sie predigen Nächstenliebe, aber sie praktizieren sie nicht.

Das Zeichen des Schützen lädt uns ein, darüber nachzudenken.

Das Sternzeichen Schütze wird durch einen Mann symbolisiert, der einen Pfeil in der Hand hat, halb Pferd, halb Mann.

Das Pferd repräsentiert das tierische Ego, das vielfältige Ich, gekleidet in seine lunare Körper. Das *Ich* ist nichts Individuelles, das *Ich* hat keine Individualität, das *Ich* ist vielfältig.

Das lunare Ego besteht aus einer Summe von kleinen *Ichs*. Jeder psychologische Defekt wird von einem kleinen *Ich* personifiziert.

Die Gesamtheit all unserer Fehler wird durch das vielfältige *Ich* dargestellt. Das größte Problem, das jeder lösen muss, der die zweite Geburt erreicht, ist die Auflösung des lunaren Egos.

Der neugeborene Meister ist in seine solaren Körper gekleidet, aber sein Ego ist mit den lunaren Körpern bekleidet.

Zwei Wege öffnen sich dem neugeborenen Meister, der zur Rechten und der zur Linken.

Auf dem Weg zur Rechten gehen jene Meister, die an der Auflösung des lunaren Egos arbeiten. Auf dem Weg zur Linken gehen jene, die sich nicht um die Auflösung des lunaren Egos kümmern.

Die Meister, die das lunare Ego nicht auflösen, werden zu Hanasmussen. Ein Hanasmussen ist ein Individuum mit einem doppelten Schwerpunkt.

Der Meister, gekleidet in seine solaren Körpern und das lunare Ego, gekleidet in seine lunaren Vehikel, bilden eine doppelte Persönlichkeit, einen Hanasmussen.

Der Hanasmussen ist halb Engel, halb Bestie, wie der Zentaur des Schützen. Der Hanasmussen hat zwei innere Persönlichkeiten, eine ist die eines Engels, die andere die eines Dämons. Der Hanasmussen ist eine Fehlgeburt der kosmischen Mutter, ein Misserfolg.

Wenn der gnostische Schüler das lunare Ego vor der zweiten Geburt auflöst, heilt er sich auf gesunde Weise, er löst sein Problem im Voraus und sichert den Erfolg.

Wer Andramelek in den inneren Welten anruft, wird die größte Überraschung erleben, denn es kann der Dämon Andramelek oder der Meister der Weißen Loge Andramelek kommen.

Dieses Individuum ist ein Hanasmussen mit einem doppelten Schwerpunkt. Das lunare Ego aufzulösen ist grundlegend im großen Werk.

Diejenigen, die die zweite Geburt erreichen, fühlen die Notwendigkeit, die lunaren Körper zu eliminieren, aber dies ist nicht möglich, ohne zuerst das lunare Ego aufgelöst zu haben.

Die zwei Mal Geborenen stagnieren in ihrem inneren Fortschritt, wenn ihnen die Liebe fehlt. Jeder, der seine göttliche Mutter vergisst, stagniert in seinem Fortschritt.

Es gibt einen Mangel an Liebe, wenn wir den Fehler machen, unsere göttliche Mutter zu vergessen. Es ist unmöglich, alle kleinen Ichs, die das lunare Ego bilden, ohne die Hilfe der göttlichen Mutter zu eliminieren.

Einen Defekt zu verstehen, ist grundlegend, unentbehrlich, wenn man das kleine Ich, das es verkörpert, beseitigen will, aber die Arbeit der Eliminierung selbst ist ohne die Hilfe der heiligen fünfbeinigen Kuh unmöglich.

Die göttliche Mutter eliminiert defekte Gefäße. Jedes kleine Ich ist ein Gefäß, in das ein Teil der Essenz eingesperrt ist.

Das bedeutet, dass die Essenz, das Buddhata, die Seele oder die Fraktion der menschlichen Seele, die jedes intellektuelle Tier hat, zu Tausenden Teilen geworden ist, die eingesperrt sind.

Beispiel: Der Zorn wird durch Hunderte oder Tausende von *Ichs* repräsentiert, jedes ist ein Gefäß, in dem die Essenz eingesperrt ist; jedem Gefäß entspricht ein Bruchteil der Essenz.

All diese Gefäße des Zorns, all diese *Ichs*, leben in jeder der 49 Abteilungen oder Regionen des Unterbewusstseins.

Den Zorn in jeder unterbewussten Abteilung zu verstehen bedeutet, ein Gefäß zu zerbrechen; dann wird der entsprechende Bruchteil der Essenz befreit.

Wenn dies geschieht, greift die göttliche Mutter ein und eliminiert das zerbrochene Gefäß, die Leiche des kleinen zerstörten *Ichs*.

Diese Leiche enthält nicht mehr den Teil der Seele, der zuvor eingesperrt war, und wird sich nach und nach in den höllischen Welten auflösen.

Es ist notwendig zu wissen, dass die göttliche Mutter nur eingreift, wenn das Gefäß zerbrochen ist, wenn die darin enthaltene Essenz befreit wurde.

Wenn die göttliche Mutter das Gefäß mit dem kleinen Genius im Inneren beseitigen würde, müsste der arme kleine Genius, das heißt der Bruchteil der Seele, auch in die Höllenwelten eintreten.

Wenn alle Gefäße zerbrochen sind, ist die Essenz in ihrer Gesamtheit befreit worden und die göttliche Mutter widmet sich der Beseitigung der Leichen.

Den Zorn in zwanzig oder dreißig unterbewussten Regionen zu verstehen bedeutet nicht, ihn in allen neunundvierzig Abteilungen verstanden zu haben.

Den Zorn in der Abteilung drei oder vier zu verstehen bedeutet, das Gefäß in der Abteilung drei oder vier zu zerbrechen.

Viele Ichs des Zorns, viele Gefäße, können jedoch in allen anderen unterbewussten Abteilungen weiter bestehen.

Jeder Fehler wirkt in jeder der neunundvierzig Regionen des Unterbewusstseins und hat viele Wurzeln.

Zorn, Gier, Lüsternheit, Neid, Stolz, Faulheit, Gefräßigkeit haben Tausende von Gefäßen, Tausende von kleinen *Ichs*, in denen die Essenz eingesperrt ist.

Wenn das vielfältige *Ich* tot und beseitigt ist, vereint sich die Essenz mit dem Sein, mit dem Innersten, und die lunaren Körper werden während einer mystischen Trance eliminiert, die drei Tage dauert.

Nach drei Tagen kehrt der Meister, gekleidet in seine solaren Körper, zu seinem physischen Körper zurück. Das ist die Einweihungs-Auferstehung.

Jeder auferstandene Meister hat solare Körper, aber er hat keine lunaren Körper. Auferstandene Meister haben Macht über Feuer, Luft, Wasser und Erde. Auferstandene Meister können physisches Blei in physisches Gold verwandeln.

Auferstandene Meister herrschen über Leben und Tod, sie können den physischen Körper für Millionen von Jahren behalten, sie kennen die Quadratur des Kreises und das Perpetuum mobile, sie haben die Universalmedizin und sie sprechen die reinste ursprüngliche göttliche Sprache, die wie ein goldener Fluss, im dichten Dschungel der Sonne fließt.

Wer von Moment zu Moment stirbt, wird Tausenden von esoterischen Prüfungen in jeder der neunundvierzig unterbewussten Abteilungen von Jaldabaoth unterzogen.

Viele Eingeweihte, die in einigen Abteilungen oder Regionen des Unterbewusstseins siegreich waren, scheitern in anderen Abteilungen an solchen oder ähnlichen Prüfungen, die mit diesem oder jenem psychologischen Defekt in Zusammenhang stehen.

Die göttliche Mutter hilft uns immer zu verstehen, wenn wir sie bei der Flamme der Schlange rufen.

Die göttliche Mutter bittet für uns in der Weißen Loge und eliminiert nacheinander jene *Ichs*, die bereits gestorben sind.

Die göttliche Mutter, die heilige fünfbeinige Kuh, ist das Mutter-All, die Mutter der spirituellen Monade, die sich in das ewige

Nichts-Alles des unaussprechlichen Vaters flüchtet, in die absolute Stille und die absolute Finsternis.

Wenn wir aus irgendeinem Grund unseren eigenen mütterlichen Strahl haben, unsere individuelle göttliche Mutter, dann ist es deshalb, weil Sie die Mutter des inneren Seins ist, verborgen in der Monade, eins mit der Monade.

Wenn Artemisa Loquia oder Neiter der Mond am Himmel war, war die keusche Diana die göttliche Mutter auf Erden für die Griechen, die die Geburt und das Leben des Kindes bestimmte, und für die Ägypter war es Hekate in der Hölle, die Göttin des Todes, die über den Zauber und die heilige Magie herrschte.

Hekate-Diana-Luna ist die göttliche Mutter, gleichzeitig Drei und Eine, wie die indische Trimurti Brahma-Vishnu-Shiva.

Die göttliche Mutter ist Isis, die Ceres der Mysterien von Eleusis, die himmlische Venus; die, die am Anfang der Welt die Anziehung der entgegengesetzten Geschlechter hervorbrachte und die menschlichen Generationen durch ewige Fruchtbarkeit verbreitete.

Sie ist die Proserpina, die des nächtlichen Gebells, die in ihrer dreifachen himmlischen, irdisch oder höllischen Erscheinung die schrecklichen Dämonen der Unterwelt unterjocht, die Türen der unterirdischen Gefängnisse geschlossen hält und die heiligen Wälder triumphierend durchstreift.

Als Herrscherin des Landes des Styx strahlt sie inmitten der Finsternis des Acheron sowie auf der Erde und den eleusinischen Feldern. Aufgrund eines Irrtums einiger heiliger Personen erhielt das arme intellektuelle Tier in der archaischen Zeit das abscheuliche Organ Kundartiguador.

Dieses Organ ist der Schwanz des Satans, das sexuelle Feuer, das nach unten zu den atomaren Höllen des lunaren Egos fließt.

Als das intellektuelle Tier das Organ Kundartiguador verlor, blieben die negativen Folgen in jedem Individuum; diese negativen Folgen bilden das vielfältige Ich, das lunare Ego.

Basierend auf tiefem Verständnis und tiefer innerer Meditation können und müssen wir mithilfe der göttlichen Mutter die negativen Folgen des verabscheuungswürdigen Organs Kundartiguador beseitigen.

Früher wollte das menschliche Wesen nicht in dieser Welt leben, es hatte seine tragische Situation erkannt; Gewisse heilige Individuen gaben der menschlichen Rasse das abscheuliche Organ Kundartiguador, damit sie an den Schönheiten dieser Welt faszinierten.

Das Ergebnis war, dass das menschliche Wesen von der Welt fasziniert wurde.

Als diese heiligen Personen das Organ Kundartiguador von der Menschheit entfernten, blieben die negativen Folgen in jeder Person.

Mithilfe der göttlichen Mutter können wir die negativen Folgen des abscheulichen Organs Kundartiguador beseitigen.

Das Sternzeichen Schütze mit seinem berühmten Zentauren, halb Mensch, halb Bestie ist etwas, das man nie vergessen sollte.

Schütze ist das Heim des Jupiters.

Das Metall des Schützen ist Zinn, der Stein ist der blaue Saphir.

In der Praxis konnten wir nachweisen, dass die Schütze Geborenen sehr unzüchtig und leidenschaftlich sind.

Die Schütze Geborenen lieben Reisen, Erkundungen, Abenteuer, Sport.

Die Schütze Geborenen werden leicht zornig und vergeben schnell.

Die Schütze Geborenen sind sehr verständnisvoll, sie lieben schöne Musik, sie haben eine wunderbare Intelligenz.

Die Schützen sind hartnäckig, wenn sie anscheinend versagt haben, scheinen sie aus ihrer eigenen Asche wie der Phönix der

Mythologie aufzusteigen und alle ihre Freunde und Feinde in Erstaunen zu versetzen. Die Schütze Geborenen sind in der Lage, sich auf große Unternehmen einzulassen, selbst wenn sie von immensen Gefahren umgeben sind.

Das finanzielle Leben der Schützen ist manchmal sehr gut, aber die Schützen erleben auch große Bitterkeit und finanzielle Schwierigkeiten.

Was den Schütze Geborenen am meisten schadet, ist die Lüsternheit.

Übung:

Setzt euch in die Hocke, wie die peruanischen Mumien; legt eure Hände auf die Beine, mit den Zeigefingern nach oben, Richtung Himmel weisend, um die Strahlen Jupiters anzuziehen, um die Beine, die Oberschenkel, intensiv zu magnetisieren.

Das Mantram **Isis** ist das Mantram dieser Übung. Isis ist die heilige Mutter.

Dieses Mantra wird ausgesprochen, indem der Klang jedes einzelnen der vier Buchstaben verlängert wird, aus denen es besteht: Iiiiiiiiiisssssss Iiiiiiissssssss, in zwei Silben geteilt, Is-Is.

Diese Übung erweckt die Hellsichtigkeit und die Macht der Vielsichtigkeit, die es uns allen erlaubt, die Akasha-Chronik der Natur zu studieren, um die Geschichte der Erde und ihrer Rassen kennenzulernen.

Es ist notwendig, täglich intensiv zu üben, um das Blut in den Oberschenkelarterien zu magnetisieren. So erlangt man die Macht, im Gedächtnis der Natur zu studieren.

Der Zentaur mit seinen zwei Gesichtern, eines nach vorne und das andere nach hinten, zeigt uns diese kostbare Fähigkeit der Hellsichtigkeit.

Steinbock

(22. Dezember bis 19. Januar)

Das Sein, der Innerste, die Monade, hat zwei Seelen: die erste ist die spirituelle Seele; die zweite ist die menschliche Seele.

Die Erste ist die Beatrice von Dante, die schöne Helena, die Sulamith des weisen Salomo, die unaussprechliche verehrungswürdige Ehefrau, das Buddhi der Theosophie.

Die Zweite ist die menschliche Seele, das kausale Prinzip, der edle Ehemann, das höhere Manas der Theosophie.

Selbst wenn es seltsam und merkwürdig erscheint, während die menschliche Seele arbeitet, spielt die spirituelle Seele.

Adam und Eva sind Teil der Monade und ihr kabbalistischer Wert ist 10, was uns an IO erinnert, d. h., an die Vokale Iiiiiiiii … Oooooo.

Die heiligste Vereinigung des ewigen Männlichen mit den Gegensätzen innerhalb der göttlichen Monade.

Die göttliche Triade Atman-Buddhi-Manas, das Sein, wir haben es schon gesagt und wiederholen es noch einmal, wird bei den gewöhnlichen intellektuellen Tieren weder geboren, noch stirbt sie, noch reinkarniert sie.

Zweifellos können und müssen wir behaupten, dass nur ein Bruchteil der menschlichen Seele in den lunaren Körpern lebt; dies ist die Essenz, das psychische Material, um die Seele zu erzeugen, die menschliche Seele zu entwickeln und dadurch im Hintergrund die spirituelle Seele. Die Monade, das Sein, erschafft, erzeugt, entwickelt ihre zwei Seelen, und diese müssen ihr dienen und gehorchen.

Wir müssen unterscheiden zwischen Monaden und Seelen. Eine Monade, d. h., ein Geist ist man; eine Seele hat man.

Man muss unterscheiden zwischen der Monade einer Welt und der Seele einer Welt; zwischen der Monade eines Menschen und der Seele eines Menschen; zwischen der Monade einer Ameise und der Seele einer Ameise.

Der menschliche Organismus besteht letztendlich aus Milliarden und Billionen von infinitesimalen Monaden.

Es gibt verschiedene Klassen und Ordnungen von primären Elementen alles Existierenden, gewissermaßen wie die Keime aller Phänomene der Natur; diese können wir „Monaden" nennen, wenn wir die Begriffe von Leibniz benutzen, in Ermangelung einer anderen Bezeichnung, um die Einfachheit der einfachsten Existenz zu benennen.

Jedem dieser Keime oder Monaden entspricht ein Atom, das als Vehikel dient, um zu handeln. Die Monaden ziehen an, verbinden sich, verwandeln, sie gestalten jeden Organismus, die ganze Welt, jeden Mikroorganismus, usw.

Unter den Monaden gibt es Hierarchien; die niederen Monaden müssen den höheren gehorchen, so ist das Gesetz. Die niederen Monaden unterstehen den höheren.

Alle Billionen von Monaden, die den menschlichen Organismus beleben, müssen dem Besitzer, dem Herrn, der vorherrschenden Monade, gehorchen.

Die regulierende Monade, die vorherrschende Monade, erlaubt die Aktivität aller ihrer Untergebenen innerhalb des menschlichen Organismus bis zu dem Zeitpunkt, der durch das Gesetz des Karmas vorgegeben ist.

Wenn die Milliarden oder Billionen von Monaden oder vitalen Keime den physischen Körper verlassen, ist der Tod unvermeidlich.

Monaden sind an sich unzerstörbar; sie geben ihre alten Verbindungen auf, um bald darauf neue einzugehen. Die Rückkehr in diese Welt, der Wiedereintritt, die Wiederverkörperung, wäre ohne die Arbeit der Monaden unmöglich.

Sie rekonstruieren mit ihren Wahrnehmungen und Empfindungen neue Zellen, neue Organismen.

Wenn die ursprüngliche Monade vollkommen entwickelt ist, kann sie es sich leisten, ihre Billionen von Monaden zu benutzen, um eine Welt, eine Sonne, einen Kometen zu erschaffen und so zur regulierenden Monade irgendeines Sterns zu werden, aber das betrifft schon die Götter.

Die Monaden oder vitalen Keime gehören nicht ausschließlich dem physischen Organismus an, in den Atomen der inneren Körper sind viele Ordnungen und Kategorien lebendiger Monaden gefangen.

Die Existenz jedes physischen oder feinstofflichen, engelhaften oder teuflischen, solaren oder lunaren Körpers basiert auf Milliarden und Billionen von Monaden.

Das lunare Ich ist eine Zusammensetzung von Atomen des geheimen Feindes.

Unglücklicherweise sind innerhalb dieser Atome die Monaden oder vitalen Keime eingesperrt.

Jetzt verstehen wir, warum die okkulte Wissenschaft sagt: *Der Teufel ist Gott umgekehrt.*

Jedem Atom entspricht ein vitaler Keim, eine Monade.

All die unendlichen Modifikationen, all die unzähligen Transformationen sind das Ergebnis der vielfältigen Kombinationen der Monaden.

Die Natur hinterlegt in den drei Gehirnen des Menschen ein gewisses Kapital an vitalen Werten, wenn diese erschöpft sind, ist der Tod unvermeidlich.

Die drei Gehirne sind:

1. Das intellektuelle Zentrum.

2. Das emotionale Zentrum.

3. Das Zentrum der Bewegung.

Nach dem Tod des physischen Körpers besteht das in seine lunaren Körper gekleidete Ego in der molekularen Welt fort.

Drei Dinge gehen zum Friedhof, in das Grab:

1. Der physische Körper

2. Der Vitalkörper

3. Die Persönlichkeit

Der Vitalkörper schwebt in der Nähe des Grabes und zerfällt in dem Maß, indem der physische Körper zerfällt und gleichermaßen werden seine Monaden befreit.

Die Persönlichkeit befindet sich im Grab, aber sie kommt heraus, wenn jemand Blumen bringt, wenn ein Trauernder sie besucht, sie schweift auf dem Friedhof umher und kehrt zu ihrem Grab zurück.

Die Persönlichkeit hat einen Anfang und ein Ende und löst sich langsam auf dem Friedhof auf.

Proserpina, die Königin der Unterwelt, ist auch Hekate, die gesegnete göttliche Mutter Tod, unter deren Leitung die Engel des Todes arbeiten. Die kosmische Mutter, verwandelt in Mutter Tod, liebt ihre Kinder innig und deshalb nimmt sie sie mit.

Die Engel des Todes, tragen, wenn sie arbeiten, ihre Bestattungsgewänder, sie nehmen eine gespenstische Gestalt an, sie tragen die Sichel und schneiden damit die Silberschnur durch, die die inneren Körper mit dem physischen Körper verbindet.

Die Engel des Todes schneiden den Faden des Lebens durch und holen das Ego aus dem physischen Körper.

Die Engel des Todes sind sehr weise und entwickeln und entfalten sich unter dem Strahl des Saturn.

Die Engel des Todes kennen nicht nur das, was mit dem gewöhnlichen Tod des physischen Körpers zusammenhängt, diese Diener des Todes sind darüber hinaus zutiefst weise in allem, was mit dem Tod des vielfältigen *Ich* zu tun hat.

Nach dem Tod des Körpers fällt der Desinkarnierte in eine Ohnmacht, die dreieinhalb Tage dauert.

Das Tibetische Totenbuch sagt: *Du warst dreieinhalb Tage ohnmächtig.*

Sobald du dich von dieser Ohnmacht erholt hast, wirst du dich fragen, was geschehen ist, (denn) *in diesem Moment wird das ganze Samsara* (phänomenologisches Universum) *in Aufruhr sein.*

Der kabbalistische Wert des *Egos* ist sechsundfünfzig: das ist die Zahl von Typhon, der Verstand ohne Spiritualität.

Das Ego behält seine Weltlichkeit jenseits des Grabes, des physischen Körpers, und die Rückschau des gerade vergangenen Lebens ist sehr schrecklich.

Nach der großen Ohnmacht von dreieinhalb Tagen müssen die Verstorbenen das gesamte Leben, das gerade vergangen ist, noch einmal langsam in Form eines Rückblicks erleben.

Das Konzept der Zeit ist sehr wichtig in dieser Arbeit der retrospektiven Vision des gerade vergangenen Lebens oder der retrospektiven Vision des Samsara.

In den höllischen Welten sind alle Maße der Zeit mineralisch, schrecklich langsam und schwanken zwischen 80.000, 8.000, 800 und 80 Jahren.

In dieser zellulären Region, in der wir leben, dauert eine Schwangerschaft zehn lunare Monate; die Kindheit dauert hundert lunare Monate; das Leben dauert mehr oder weniger tausend lunare Monate. In der molekularen Welt können Ereignisse in einem Zeitmaßstab von einem Monat bis zu vierzig Minuten gemessen werden.

In der elektronischen Welt reicht der Zeitmaßstab von vierzig Minuten bis zu zweieinhalb Sekunden.

Die Rückschau des Samsara (das Leben, das gerade vergangen ist), im Moment des Todes und während der folgenden dreieinhalb Tage, ist elektronisch, und daher kann jedes Ereignis mit dem elektronischen Zeitmaßstab gemessen werden.

Der Rückblick von Samsara in der molekularen Welt ist weniger schnell und daher wird jedes Ereignis mit dem molekularen Zeitmaßstab gemessen.

Der Innerste, die Monade, das Sein mit seinen zwei Seelen lebt, bevor wir in diesem Tal der Tränen geboren wurden, in der Milchstraße und wohnt, auch während der physische Körper hier unten lebt, weiter in den Sternen.

Für die Essenz nach dem Tod ist es grundlegend, den relativen buddhischen Zustand und die mittlere Befreiung zu erreichen; das ist nur möglich, wenn der Embryo der Seele, den wir in uns haben, in die elektronische Welt aufsteigt. Es ist dringend notwendig zu wissen, dass in der elektronischen Welt unsere göttliche unsterbliche Triade, unser Sein, unser Buddha lebt.

Sich mit der unsterblichen Triade nach dem Tod zu vereinen, eins mit ihr zu sein, bedeutet, tatsächlich ein relativer Buddha zu werden, eine mittlere Befreiung zu erreichen und einen schönen Urlaub zu genießen, bevor man zu einem neuen menschlichen Organismus zurückkehrt.

Wenn im höchsten Augenblick des Todes das helle primäre Licht vom Verstorbenen richtig erkannt worden ist, ist das ein klares Zeichen dafür, dass er die mittlere Befreiung erreicht hat.

Wenn der Verstorbene im höchsten Augenblick des Todes nur das helle sekundäre Licht wahrnimmt, ist es ein Zeichen dafür, dass er viel kämpfen muss, um den relativen buddhischen Zustand zu erreichen.

Das Schwierige für die Essenz ist es, sich aus seinem Gefängnis zu befreien, die lunaren Körper und das vielfältige *Ich* zu verlassen. In dieser Beziehung ist das Karma eines jeden Menschen endgültig.

Wenn der Verstorbene nachträglich im Rückblick das gesamte Leben wieder erlebt hat, das gerade vorüber ist, dann muss er vor den Tribunalen des Karma erscheinen, um gerichtet zu werden.

Die Legende von Zoroaster sagt: *Jeder, dessen gute Werke seine Sünde um mehr als drei Gramm übersteigen, kommt in den Himmel, jeder, dessen Sünde größer ist, in die Hölle, während derjenige, in dem beide gleich sind, im Hamistikan bleibt, bis zu seinem zukünftigen Körper oder der Auferstehung.*

Heute, in der Zeit der Verderbtheit und des strikten atheistischen Materialismus, treten die meisten desinkarnierten Menschen nach dem Urteil in das niedere Mineralreich ein, in die Höllenwelten.

Es gibt auch viele Millionen, die mittelbar oder unmittelbar in eine neue Gebärmutter kommen, ohne den Luxus eines schönen Urlaubs in den oberen Welten zu genießen.

Der Prozess der Auslese existiert in der gesamten Natur und nur wenige erreichen eine mittlere Befreiung und einen relativen buddhischen Zustand.

Die Desinkarnierten treten unter dem Einfluss des Mondes in die Ewigkeit ein und verlassen die Ewigkeit auch durch die Tore des Mondes.

Wir haben bereits in der Lektion des Sternzeichens Krebs gesehen, dass das gesamte Leben aller Menschen unter dem Einfluss von Mond, Merkur, Venus, Sonne, Mars, Jupiter und Saturn stattfindet und mit dem Mond abschließt.

Tatsächlich holt der Mond uns und der Mond bringt uns auch und die sieben Arten der planetaren Schwingungen in ihrer genannten klassischen Ordnung wiederholen sich auch nach dem Tod, denn *wie oben, so unten.*

Die Essenzen, die nach dem Urteil das Recht auf mittlere Befreiung und auf den relativen buddhischen Zustand haben, brauchen eine ganz besondere Art der Ekstase und ein beständiges Bemühen, um sich zu befreien, um den lunaren Körpern und dem Ego zu entkommen.

Glücklicherweise unterstützen verschiedene Gruppen von Meistern die Desinkarnierten und helfen ihnen bei dieser Arbeit mit den Strahlen der Gnade.

Genau wie es in dieser zellulären Welt, in der wir leben, Republiken, Königreiche, Präsidenten, Könige, Gouverneure usw. gibt, so gibt es auch in der molekularen Welt viele Paradiese, Regionen und Königreiche, in denen die Essenzen unbeschreibliche Glückszustände genießen.

Die Desinkarnierten können in paradiesische Reiche der Glückseligkeit eintreten, wie zum Beispiel: in das Reich der hohen Konzentration; in das Reich der langen Haare (Vajrapani); oder in das erleuchtete Vihara der Lotusstrahlung (Padma Sambhava).

Die Desinkarnierten, die sich in Richtung der mittleren Befreiung begeben, müssen sich selbst helfen und den Verstand auf eines dieser Reiche der molekularen Welt konzentrieren.

Es ist wirklich sehr schmerzhaft, von Leben zu Leben zu wandern, durch die schreckliche Kloake von Samsara zu irren, ohne den buddhischen Zustand und die mittlere Befreiung zu genießen.

Es gibt Reiche des unvorstellbaren Glücks, wo die Desinkarnierten sich anstrengen müssen, um einzutreten, erinnern wir uns an das glückselige Reich des Westens, das von Buddha Amitabha regiert wird. Erinnern wir uns an das Reich des Maitreya, die Himmel von Tushita, in dieses Reich der höchsten Glückseligkeit können auch die Desinkarnierten eintreten, die in Richtung der elektronischen Welt unterwegs sind.

Die Desinkarnierten müssen viel zum *Großen Mitgefühl* und zu ihrer göttlichen Triade beten, sie müssen standhaft in ihren Absichten sein, ohne sich von irgendetwas ablenken zu lassen, wenn sie nicht in einen neuen Mutterleib geraten wollen, ohne den dazwischenliegenden buddhischen Zustand in der Welt der freien Elektronen genossen zu haben.

Das Glück in den elektronischen Regionen, die mittlere Befreiung, nachdem man durch die molekularen Paradiese gegangen ist, ist mit menschlichen Worten unmöglich zu beschreiben.

Die Buddhas reisen durch das unveränderliche Unendliche inmitten der unbeschreiblichen Symphonien der Welten, die im Schoß der kosmischen Mutter pulsieren.

Jedoch jede Belohnung, jedes Kapital geht zu Ende.

Wenn das Dharma des Glücks sich dem Ende zuneigt, dann ist die Rückkehr zu einer neuen Gebärmutter unvermeidlich.

Die Essenz verliert die Ekstase, angezogen durch das lunare Ego und wieder eingesperrt in die lunaren Körper, kehrt sie zu einer neuen Gebärmutter zurück.

Der Moment, in dem die Essenz die Ekstase verliert, ist der, in dem sie sich von ihrem innersten Buddha trennt, um wieder in die lunaren Körper und das vielfältige *Ich* eingesperrt zu werden.

Die Rückkehr zu einer neuen Gebärmutter erfolgt nach dem Gesetz des Karma.

Das Ego setzt sich fort in den Nachkommen seiner vergangenen Leben.

Die Monaden seines vergangenen physischen Körpers haben die Kraft, Atome und Moleküle zu sammeln und Zellen und Organe wiederherzustellen; so kehren wir zurück zu dieser zellularen Welt, gekleidet in einen neuen physischen Körper.

Das arme intellektuelle Tier beginnt sein Leben in dieser Welt als einfache ursprüngliche Zelle, es ist dem schnellen Zeitablauf der Zellen unterworfen und endet mit siebzig oder achtzig Jahren oder etwas mehr, voller Erinnerungen und Erfahrungen aller Art.

Es ist dringend notwendig zu wissen, dass beim Prozess des Wiedereintritts oder der Wiedergeburt auch eine bestimmte Auslese getroffen wird.

Das *Ich* ist eine Summe von kleinen *Ichs* und nicht all diese kleinen *Ichs* kehren zu einem neuen menschlichen Organismus zurück.

Das Ich ist eine Summe verschiedener unterschiedlicher Wesenheiten, ohne irgendeine Ordnung, und nicht alle diese Wesenheiten treten wieder in einen neuen menschlichen Organismus ein, viele dieser Wesenheiten verkörpern sich in Pferden, Hunden, Katzen, Schweinen, usw.

Einmal, als Meister Pythagoras mit einem Freund spazieren ging, wollte dieser einen Hund schlagen, aber der Meister wies ihn zurecht und sagte: „Schlag ihn nicht, denn ich habe in seinem klagenden Bellen die Stimme eines verstorbenen Freundes erkannt."

Es ist klar, dass in diesem Teil unseres gegenwärtigen Kapitels die Fanatiker des Dogmas der Evolution, all ihren verleumderischen Geifer über uns ausgießen und protestieren werden, indem sie sagen: „das Ego kann nicht rückwärtsgehen, alles entwickelt sich, alles muss die Vollkommenheit erreichen usw., usw."

Diese Fanatiker ignorieren, dass das Ego eine Summe kleiner tierischer *Ichs* ist und dass Gleiches Gleiches anzieht.

Diese Fanatiker ignorieren, dass das Ego nichts Göttliches hat, es ist eine Summe tierischer Wesenheiten, die das Gesetz der Evolution nie zur Vollkommenheit erheben kann.

Die tierischen Wesenheiten haben das Recht, sich in die Gebärmütter von Hunden, Pferden, Schweinen, usw., usw., usw., zu begeben und das kann von den Fanatikern des Dogmas der Evolution nicht verboten werden, selbst wenn sie schreien und fluchen, wettern und schimpfen.

Das ist die Lehre der Metamorphose oder Metempsychose von Pythagoras und beruht auf den Naturgesetzen.

In „Der goldene Esel" von Apuleius finden wir diese Doktrin von Pythagoras vollständig dokumentiert.

Apuleius sagt, dass in Thessalien im Zeitalter der Hexerei, Steine nichts anderes als versteinerte Menschen waren; Vögel waren Menschen mit Flügeln; Bäume, Menschen mit Laub; Quellen, menschliche Körper, die klare Lymphe bluteten.

Eine bewundernswerte symbolische Art, um für jeden Okkultisten die unzweifelhafte Tatsache darzustellen, dass die verschiedenen Wesenheiten, die das vielfältige *Ich* bilden, sich wieder in

Organismen von Tieren verkörpern oder in das Mineral-, Pflanzenreich, usw., usw., usw., eintreten können

Die christlichen Mystiker sprechen mit Recht von der Schwester Pflanze, dem Bruder Wolf, dem Bruder Stein.

Rudolf Steiner, der deutsche Eingeweihte, sagt, dass es in der Polarzeit nur Menschen gab und dass die Tiere erst später existierten, sie waren im Menschen enthalten, sie wurden vom Menschen abgesondert.

Diese Tiere waren die verschiedenen Teile oder Entitäten des vielfältigen *Ich*s der ursprünglichen Menschen.

Wegen des protoplasmatischen Zustands der Erde in jener Zeit, bewegten sich jene Wesenheiten, die von ihnen aus ihrer inneren Natur abgesondert wurden, in Richtung der heutigen physischen Kristallisation.

Diese polaren oder hyperboräischen Menschen mussten diese tierischen Wesenheiten, dieses vielfältige *Ich*, absondern, um wahre Menschen, solare Menschen, zu werden.

Einige Individuen sind so tierisch, dass nichts mehr übrig bliebe, wenn sie alles, was sie an Tierischem haben, entfernen würden.

Saturn ist der Planet des Todes und wird im Steinbock erhöht.

Dieses Zeichen wird durch einen Steinbock symbolisiert, um uns an die Ziegenhaut zu erinnern, an die intellektuellen Tiere mit Ziegenhaut, an die Notwendigkeit, das zu beseitigen, was wir an Tierischem in uns haben, die tierischen Wesenheiten, die wir in uns tragen.

Der Stein des Zeichens Steinbock ist der schwarze Onyx und alle schwarzen Steine im Allgemeinen, das Metall ist Blei und sein Tag ist Samstag.

Am Samstag feierten die Hexen des Mittelalters ihren schrecklichen Hexensabbat, aber der Samstag ist auch der siebte Tag, der den Juden so heilig ist.

Saturn ist Leben und Tod.

Der Pfad des Lebens wird gebildet von den Hufspuren des Pferdes des Todes.

Die magnetischen Ströme steigen von der Erde auf, durchfließen die Filter der Füße, weiter durch die Waden, und wenn sie die Knie erreichen, beladen sie sich mit dem Blei des Saturn und erlangen so Festigkeit, Form und Stärke.

Wir sprechen nicht über Blei in seinem groben Zustand; wir sprechen über Blei in seinem kolloidalen, subtilen Zustand.

Die Knie besitzen eine wunderbare Substanz, die ihnen die freie Bewegung eines so einfachen und wundervollen knöchernen Getriebes ermöglicht.

Diese Substanz ist die berühmte *Synovia*, die sich ableitet von der Wurzel *sin*, was *mit* bedeutet und *ovia*, was *Ei* bedeutet.

Alles im allem, *Substanz mit Ei*.

Das Ei wird oft in der Wissenschaft des Jinas benutzt und wir haben bereits in dem Buch „Esoterische Abhandlung der Theurgie" darüber gesprochen.

Übung:

Während des Sternzeichens Steinbock stellt euch einen Sarg auf dem Boden vor.

Geht über diesen imaginären Sarg, stellt ihn euch in der Mitte der Beine vor; während ihr geht, beugt die Knie, als ob ihr über ein Hindernis springen würdet, als ob ihr über den Sarg springen würdet, aber lasst die Knie von recht nach links kreisen und konzentriert euch darauf, mit der Absicht, sie mit dem Blei des Saturn aufzuladen.

Die Freimaurer Meister werden diese Übung des Saturn sehr gut verstehen, weil es genau die Schritte eines Freimaurer Meisters sind, wenn er die Loge betritt.

Die Steinbock Geborenen haben eine Neigung zur Pädagogik, sie leiden sehr, sie haben ein großes Pflichtgefühl, sie sind von Natur aus praktisch und sie erfahren in ihrem Leben immer großes Leid, jemand verrät sie. Die Steinbock Frauen sind großartige Ehefrauen, treu bis zum Tod, tüchtig, fleißig, sie leiden unaussprechlich, aber trotz all dieser Tugenden verrät der Ehemann sie, er verlässt sie und oft sogar gegen seinen eigenen Willen; es ist leider ihr Karma.

Einige Steinbock Frauen lassen sich mit anderen Männern ein, aber dies ist nur dann der Fall, wenn sie bereits vom Ehemann verlassen wurden und nachdem sie schrecklich gelitten haben.

Die Männer und Frauen des Zeichens Steinbock sind ziemlich selbstsüchtig, wenn auch nicht alle; wir beziehen uns auf den niederen Steinbock.

Wegen dieser Selbstsucht gehen sie viele Verpflichtungen ein und machen sich viele Feinde.

Die Steinbock Geborenen binden sich sehr an Dinge, an Geld und manche werden sogar sehr geizig. Steinbock ist ein Erdzeichen, fix, beständig. Trotzdem machen die Steinbock Geborenen viele Reisen, auch wenn sie kurz sind.

Die moralischen Schmerzen der Steinbock Geborenen sind schrecklich, sie leiden sehr; zum Glück rettet sie ihr gesunder Menschenverstand und sie überwinden schon bald die schlimmste Bitterkeit des Lebens.

Wassermann

(20. Januar bis 19. Februar)

Die verborgene Bedeutung des Zeichens Wassermann ist Wissen.

Wassermann, das Zeichen des Wasserträgers, ist ein äußerst revolutionäres Sternzeichen.

Es gibt vier Arten des Wissens oder der geheimen Wissenschaft.

Wir müssen wissen, welche diese vier Arten des Wissens sind.

Erstens: Yajna Vidya.

Wissen, das mit bestimmten verborgenen Kräften erworben wird, die in unserer eigenen inneren Natur durch bestimmte magische Rituale erweckt werden.

Zweitens: Kabbalistische Maha Vidya.

Die Wissenschaft der Kabbala mit all ihren Anrufungen, ihrer Mathematik, ihren Symbolen und ihrer Liturgie kann engelhaft oder teuflisch sein, alles hängt von der Person ab, die sie benutzt.

Drittens: Guhya Vidya.

Die Wissenschaft des Mantrams, die Magie des Wortes; sie basiert auf den mystischen Kräften des Klanges, auf der Wissenschaft der Harmonie.

Vierter: Atma Vidya.

Oder die echte Weisheit des Seins, des Atman, der höheren Monade.

All diese Arten des Wissens, außer der Vierten, sind die Wurzel aller okkulten Wissenschaften.

Von all diesen Arten des Wissens, von all diesen, außer der Vierten, stammen Kabbala, Handlesen, Astrologie, okkulte Physiognomie, wissenschaftliches Kartenlegen, usw.

Von all diesen Arten des Wissens, von all diesen okkultistischen Zweigen, hat die Wissenschaft bereits einige Geheimnisse entdeckt, aber der entwickelte Raumsinn ist weder Hypnotismus, noch kann es mithilfe dieser Künste erworben werden.

Das vorliegende astrologisch-hermetisch-esoterische Buch hat nichts mit der Zeitungs-Astrologie zu tun.

In diesem Buch lehren wir die Wissenschaft des Atma Vidya.

Das Grundlegende ist das Atma Vidya, diese Wissenschaft schließt alle in ihrem wesentlichen Aspekt mit ein und kann sie sogar gelegentlich benutzen; aber sie verwendet nur ihre synthetischen Extrakte, die von aller Schlacke gereinigt sind.

Die goldene Tür der Weisheit kann sich in die breite Tür und den breiten Weg verwandeln, der zur Zerstörung führt, die Tür der magischen Künste, die für selbstsüchtige Zwecke praktiziert wird.

Wir befinden uns im Zeitalter des Kali Yuga, dem Zeitalter des Eisens, dem schwarzen Zeitalter und alle Schüler des Okkultismus sind anfällig dafür, auf den schwarzen Pfad zu geraten.

Es ist erstaunlich, die falsche Vorstellung der „Brüderchen“ über den Okkultismus zu sehen und die Leichtigkeit, mit der sie glauben, sie könnten die Tür erreichen und die Schwelle des Geheimnisses ohne großes Opfer überschreiten.

Es ist unmöglich, Atma Vidya ohne die drei Faktoren der Revolution des Bewusstseins zu erreichen.

Atma Vidya ist unmöglich, ohne die zweite Geburt erreicht zu haben.

Das Atma Vidya ist unmöglich, ohne den Tod des vielfältigen *Ich*.

Das Atma Vidya ist unmöglich, ohne das Opfer für die Menschheit.

Es ist nicht das Gesetz der Evolution, das uns Atma Vidya gibt. Es ist nicht das Gesetz der Involution, das uns Atma Vidya gibt.

Nur durch gewaltige und fürchterliche innere Revolutionen erreichen wir das Atma Vidya.

Der Weg der Revolution des Bewusstseins ist der Weg auf des Messers Schneide; dieser Weg ist schrecklich schwierig; dieser Weg ist innerlich und äußerlich voller Gefahren.

Wir werden nun in diesem Kapitel jeden der drei Faktoren der Revolution des Bewusstseins in einer geordneten und getrennten Weise studieren, damit sich die gnostischen Schüler richtig orientieren können.

Unsere Leser sollten daher dem Studium jedes der drei Faktoren der Revolution des Bewusstseins viel Aufmerksamkeit schenken, weil der Erfolg in dieser Arbeit vom vollen Verständnis jedes dieser drei Faktoren abhängt.

Geboren werden:

Die zweite Geburt ist ein vollkommen sexuelles Problem.

Der heilige Stier Apis bei den alten Ägyptern sollte jung, gesund und stark sein, um den philosophischen Stein (die Sexualität) zu symbolisieren.

Auch die Griechen, die von den ägyptischen Hierophanten unterrichtet wurden, stellten den philosophischen Stein durch einen oder mehrere Stiere dar, wie in der Fabel des kretischen Minotaurus zu sehen ist.

Die gleiche alchemistische Bedeutung hatten die Stiere, die Herkules von Geryon gestohlen hatte; die gleiche Symbolik findet sich in der Legende der heiligen Stiere der Sonne, die friedlich auf der Insel Sizilien ruhten und von Merkur gestohlen wurden.

Nicht alle heiligen Stiere waren schwarz oder weiß; einige waren rot, wie die von Geryon und wie jene, die vom israelitischen Priester geopfert wurden, weil der philosophische Stein in einem bestimmten alchemistischen Moment rot ist, und das weiß jeder Alchemist.

Der berühmte Stier Apis, so verehrt in den ägyptischen Mysterien, war der Schöpfer und der Hüter der Seele.

Der symbolische Stier Apis wurde der Isis geweiht, weil er tatsächlich mit der heiligen Kuh verbunden war, der göttlichen Mutter, Isis, der kein Sterblicher den Schleier gelüftet hat.

Damit einem Stier diese hohe Ehre zuteilwurde, in einen solchen Rang erhoben zu werden, war es notwendig, dass er schwarz war und auf der Stirn oder auf einer der Schultern einen weißen Fleck in der Form einer Mondsichel hatte.

Es ist auch richtig und wahr, dass ein solcher heiliger Stier beim Anblick eines Blitzes gezeugt worden ist und unter seiner Zunge das Zeichen des heiligen Skarabäus hatte.

Apis war das Symbol des Mondes, sowohl wegen seiner Hörner in Form eines zunehmenden Mondes als auch wegen der Tatsache, dass der Mond während seines Zyklus, außer bei Vollmond, immer einen dunklen Teil hat, symbolisiert durch das Schwarz der Haut und einen anderen strahlenden, symbolisiert durch den weißen Fleck.

Apis ist die philosophische Materie, das *ens seminis* (Samen), diese halb feste, halb flüssige Substanz; das Vitriol der Alchemisten.

Im *ens seminis* befindet sich das gesamte *ens virtutis* des Feuers.

Es ist notwendig, den Mond in die Sonne zu verwandeln, d. h., die solaren Körper herzustellen.

Das sind die Mysterien von Isis, die Mysterien des Stieres Apis.

Als man im alten Ägypten der Pharaonen die Rune Is studierte, analysierte man ihre zwei Aspekte, männlich-weiblich, weil das heilige Wort Isis sich aus den zwei Silben Is-Is zusammensetzt; die erste Silbe ist männlich und die zweite ist weiblich.

Der Stier Apis ist der Stier von Isis, der philosophische Stein. Mann und Frau müssen in ihrem *Laboratorium Oratorium* mit dieser philosophischen Materie arbeiten und den Mond in die Sonne verwandeln.

Es ist dringend notwendig, diese magische Kraft zu erlangen, die sich Kriya Shakti nennt oder die Kraft des Willens und des Yoga, die magische Kraft der solaren Menschen, die höchste Kraft der Schöpfung ohne Zeugung und dies ist nur mit der Maithuna möglich. (siehe Kapitel 8)

Es ist notwendig zu lernen, die Wasser des Lebens in den beiden Amphoren des Wassermanns, dem Tierkreiszeichen des Wasserträgers, intelligent zu kombinieren. Es ist unerlässlich, das rote Elixier mit dem weißen Elixier zu kombinieren, wenn man die zweite Geburt erreichen will.

Der Mond symbolisiert Isis, die göttliche Mutter, die unaussprechliche Prakriti und der Stier Apis repräsentiert die philosophische Materie, den heiligen Stein der Alchemisten.

Der Stier Apis repräsentiert den Mond, Isis, die ursprüngliche Substanz, den philosophischen Stein, die Maithuna.

Wassermann wird von Uranus regiert und dieser Planet kontrolliert die sexuellen Drüsen.

Es ist unmöglich, die zweite Geburt, die Adeptschaft, die innere Selbstverwirklichung zu erreichen, wenn wir die Mysterien der Isis nicht studieren, wenn wir die Verehrung des Stiers Apis verachten, wenn wir nicht lernen, das rote Elixier mit dem weißen Elixier der beiden Amphoren des Wassermanns zu mischen.

In der christlichen Terminologie sprechen wir von vier menschlichen Körpern.

Der erste ist der fleischliche Körper; der zweite ist der natürliche Körper; das dritte ist der spirituelle Körper; der vierte ist, nach der esoterisch christlichen Terminologie, der göttliche Körper.

In der theosophischen Sprache sagen wir, dass der erste Körper der physische ist, der zweite ist der Astralkörper; der dritte ist der Mentalkörper; der vierte ist der Kausalkörper oder Körper des bewussten Willens. Unsere Kritiker werden sich ärgern, weil wir nicht den Lingam Sharira oder den Vitalkörper, auch ätherischer Doppelgänger genannt, anführen.

Wir erwähnen diesen Körper nicht, aufgrund der Tatsache, dass dies nur der höhere Teil des physischen Körpers ist, die fundamentale Grundlage aller physischen, chemischen, kalorischen, reproduktiven, sinnlichen, usw., Aktivitäten.

Das gewöhnliche intellektuelle Tier wird weder mit dem Astralkörper noch mit dem Mentalkörper und noch weniger mit dem Kausalkörper geboren; diese Körper können nur künstlich in der brennenden Schmiede von Vulcanus entwickelt werden (die Sexualität).

Der Astralkörper ist kein unentbehrliches Werkzeug für das intellektuelle Tier; es ist ein Luxus, ein großer Luxus, den sehr wenige sich leisten können; nichtsdestotrotz hat das intellektuelle Tier einen molekularen Körper, einen Körper der Begierde ähnlich dem Astralkörper, aber lunar, kalt, geisterhaft.

Das intellektuelle Tier hat keinen Mentalkörper, aber es besitzt ein tierisches intellektuelles Vehikel, feinstofflich, lunar, sehr ähnlich dem Mentalkörper, aber von kalter und geisterhafter Natur.

Das intellektuelle Tier hat keinen Kausalkörper oder Körper des bewussten Willens, aber es hat die Essenz, das Buddhata, den Keim der Seele, der leicht mit dem Kausalkörper verwechselt werden kann.

Die feinstofflichen Körper, die Leadbeater, Annie Besant, Steiner und viele andere Hellseher im armseligen gewöhnlichen intellektuellen Tier studiert haben, sind lunare Vehikel.

Wer die zweite Geburt erreichen will, muss die solaren Körper, den authentischen Astralkörper, den legitimen Mentalkörper, den wahren Kausalkörper oder Körper des bewussten Willens entwickeln.

Es gibt etwas, das die gnostischen Schüler vielleicht überrascht: die astralen, mentalen und kausalen Körper sind aus Fleisch und Blut, und nachdem sie aus dem unbefleckten Schoß der göttlichen Mutter geboren wurden, brauchen sie Nahrung für ihr Wachstum und ihre Entwicklung.

Es gibt zwei Arten von Fleisch: Das erste ist Fleisch, das von Adam kommt; das zweite ist Fleisch, das nicht von Adam kommt.

Die solaren Körper sind aus Fleisch, das nicht von Adam kommt.

Es ist interessant zu wissen, dass der sexuelle Wasserstoff Si-12 sich immer in Fleisch und Blut kristallisiert.

Der physische Körper ist aus Fleisch und Blut, und die solaren Körper sind auch aus Fleisch und Blut.

Die Grundnahrung des physischen Körpers ist der Wasserstoff achtundvierzig.

Die grundlegende Nahrung des Astralkörpers ist der Wasserstoff vierundzwanzig.

Die unentbehrliche Nahrung des Mentalkörpers ist der Wasserstoff zwölf.

Die lebenswichtige Nahrung des Kausalkörpers ist der Wasserstoff sechs.

Alle Meister der Weißen Loge, alle Engel, Erzengel, Throne, Seraphim, Tugenden, usw., usw., usw., sind in solare Körper gekleidet.

Nur diejenigen, die solare Körper besitzen, haben das Sein inkarniert.

Nur derjenige, der das Sein besitzt, ist ein wahrer Mensch.

Der physische Körper wird von achtundvierzig Gesetzen kontrolliert; der Astralkörper wird von vierundzwanzig Gesetzen regiert; der Mentalkörper wird von zwölf Gesetzen beherrscht; der Kausalkörper untersteht sechs Gesetzen.

Es ist dringend notwendig, in die brennende Schmiede von Vulcanus (die Sexualität) hinabzusteigen, um mit Feuer und Wasser zu arbeiten, dem Ursprung von Welten, Tieren, Menschen und Göttern; es ist dringend notwendig, zur neunten Sphäre hinabzusteigen, um die solaren Körper herzustellen und die zweite Geburt zu erreichen.

Es ist schmerzlich zu wissen, dass viele, die sich rühmen, Meister und Heilige zu sein, immer noch in lunare Körper gekleidet sind.

Sterben

Der Graf von Gabalis liegt völlig falsch, wenn er sagt, dass Salamander, Gnome, Sylphen, Nymphen einen Menschen heiraten müssen, um unsterblich zu werden.

Die Behauptung des Grafen von Gabalis ist dumm, wenn er sagt, dass wir völlig auf die Frauen verzichten sollen, um uns der Unsterblichkeit der Sylphen und Nymphen hinzugeben.

Die Elementarwesen der Elemente, der Pflanzen, der Mineralien, der Tiere werden die Menschen der Zukunft sein, ohne den vom Graf von Gabalis empfohlenen schmutzigen Koitus.

Es ist schade, dass viele Medien des Spiritismus mit Elementarwesen verheiratet sind und dass viele Menschen im Schlaf mit Inkuben, Sukkuben und Elementarwesen aller Art sexuellen Kontakt haben. Die inneren Welten sind voller Geschöpfe aller Arten, manche gut, manche böse, andere weder gut noch böse.

Die Devas oder Engel sind niemals niederer als der Mensch. Die Devas oder Engel sind wahre solare Menschen und das ist alles. Die Devas oder Engel sind zweimal Geborene.

Für die Chinesen sind die zwei höchsten Klassen der unsichtbaren Bewohner die Thien, die von vollkommen himmlischer Natur sind und die Thi, Thu oder Dazwischenliegenden.

Im Gebirge von Kulun, der zentralen Region der Erde oder dem Mondgebirge, hat die Tradition eine seltsame und mysteriöse Welt geschaffen, die von Göttern regiert wird.

Diese göttlichen Wesen sind die Ko-han oder Lohanes, herrschende Götter von Millionen von Geschöpfen.

Die Thi tragen gelbe Kleidung und leben in Krypten oder unterirdischen Höhlen; sie ernähren sich von Sesam, Koriander und anderen Blumen und Früchten des Baumes des Lebens; sie sind zweimal Geborene, sie studieren Alchemie, okkulte Botanik, den philosophischen Stein in der Art des Meisters Zanoni und seines weisen Gefährten, dem großen Megnour.

Eine dritte Art von unsichtbaren Bewohnern sind die berühmten Shen oder Shain, die hier unten in der sublunaren Welt geboren sind, entweder um für das Gute zu arbeiten oder um ihr altes Karma zu bezahlen.

Die vierte Art von Bewohnern der inneren Welten, die von den Chinesen erwähnt werden, sind die finsteren Maha-Shan, riesige Zauberer der schwarzen Magie.

Die seltsamsten und unverständlichsten Wesen sind die schrecklichen Marut oder Turam; Wesen, die in der Rig Veda erwähnt werden, Legionen von Hanasmussen; dieses Wort wird mit j ausgesprochen: Janasmussen.

Diese Legionen bestehen aus 343 Familien, obwohl gewisse Berechnungen die Menge auf 823 oder 543 Familien erhöhen. Es ist bedauerlich, dass diese Hanasmussen von bestimmten Muslimen und Brahmanen angebetet werden.

Die Hanasmussen haben, wie wir in Kapitel 9 dieses Buches sagten, zwei Persönlichkeiten: eine engelhafte und einen teuflische. Es ist klar, dass die solare, engelhafte Persönlichkeit eines Hanasmussen niemals bereit ist, irgendeinen Kandidaten für die Einweihung zu unterweisen, ohne zuerst ganz offen zu sagen: „Vorsicht, wir sind die Versuchung, die dich zu einem Ungläubigen machen kann.“

Die solare Persönlichkeit jedes Marut oder Turam (Hanasmussen) weiß sehr gut, dass sie auch eine lunare, teuflische, finstere Persönlichkeit besitzt, die fähig ist, den Kandidaten von der Einweihung abzubringen.

Jedem zweimal Geborenen stehen zwei Wege offen, der rechte Weg und der finstere Weg. Der rechte ist der Weg derjenigen, die sich entschließen, von Moment zu Moment zu sterben, derjenigen, die das *Ich* auflösen.

Der finstere ist der schwarze Weg, der Weg derjenigen, die anstatt von Moment zu Moment zu sterben, die das *Ich*, anstatt es aufzulösen, in den lunaren Körpern stärken.

Diejenigen, die den Weg der linken Hand gehen, werden zu Marut oder Turam, das heißt zu Hanasmussen. Diejenigen, die die endgültige Befreiung erreichen wollen, müssen von Moment zu Moment sterben. Nur wenn wir in uns selbst sterben, werden wir zu vollkommenen Engeln.

Es existieren drei Arten von Tantrismus: weiß, schwarz und grau.

Die Maithuna mit Ejakulation des *Ens Seminis* ist schwarz.

Die Maithuna, gelegentlich mit Ejakulation des *Ens Seminis* und gelegentlich ohne Ejakulation, ist grau.

Mit der Maithuna ohne Ejakulation steigt Devi Kundalini durch den Spinalkanal auf, um göttliche Mächte zu entwickeln und uns in Engel zu verwandeln.

Bei der Maithuna mit Ejakulation steigt die feurige Schlange unserer magischen Kräfte nach unten, anstatt nach oben zu steigen, sie stürzt vom Steißbein in die atomaren Höllen des Menschen und wird zum Schwanz des Satans.

Die Maithuna mit gelegentlicher Ejakulation ist etwas Inkohärentes, Morbides, Bestialisches, das nur dazu dient, das lunare Ego zu stärken. Die schwarzen Tantriker entwickeln das abscheuliche Organ Kundartiguador.

Es ist notwendig zu wissen, dass dieses verhängnisvolle Organ der Schwanz des Satans ist. In Zeiten, die sich in der tiefen Nacht der Jahrhunderte verlieren, verstand das arme intellektuelle Tier seine traurige Situation als kleine Maschine, die notwendig ist für die Ökonomie der Natur, und wollte deshalb sterben; so wurde das

Eingreifen gewisser heiliger Individuen notwendig, die den Fehler begingen, diesem traurigen menschlichen Ameisenhaufen das abscheuliche Organ Kundartiguador zu verleihen.

Als das intellektuelle Tier seine traurige Situation als Maschine vergaß und sich in die Schönheiten dieser Welt verliebte, wurde das abscheuliche Organ Kundartiguador eliminiert; leider waren die negativen Folgen dieses Organs etwas, das nicht vergessen werden konnte, sie blieben in den fünf Zylindern der Maschine erhalten.

Der erste Zylinder ist der Intellektuelle und befindet sich im Gehirn; der zweite ist der Emotionale und befindet sich im Solarplexus auf Höhe des Nabels; der dritte ist der Motorische und befindet sich im oberen Teil der Wirbelsäule; der vierte ist der Instinktive und befindet sich im unteren Teil der Wirbelsäule; der fünfte ist der Sexuelle und befindet sich in den Geschlechtsorganen.

Die negativen Folgen des verabscheuungswürdigen Organs Kundartiguador werden durch Tausende und Millionen kleiner tierischer und bösartiger *Ichs* dargestellt.

Im intellektuellen Tier gibt es kein einziges Befehlszentrum, kein permanentes *Ich* oder *Ego*.

Jede Idee, jedes Gefühl, jede Empfindung, jedes Verlangen, jedes „ich begehre dies“, „ich begehre das“, „ich liebe“, „ich liebe nicht“, ist ein anderes *Ich*.

Alle diese kleinen und streitsüchtigen *Ichs* streiten miteinander, kämpfen um die Vorherrschaft, sie sind weder miteinander verbunden oder in irgendeiner Weise koordiniert.

Jedes dieser kleinen *Ichs* ist abhängig von den Veränderungen oder Umständen des Lebens und den Veränderungen der Eindrücke.

Jedes kleine *Ich* hat seine eigenen Ideen, seine eigenen Kriterien, es gibt keine wahre Individualität im armen intellektuellen Tier, seine Konzepte, seine Taten, seine Ideen, hängen von dem *Ich* ab, das die Situation zu dieser Zeit beherrscht.

Wenn ein *Ich* sich für die Gnosis begeistert, schwört es unserer gnostischen Bewegung ewige Loyalität; diese Begeisterung dauert an, bis ein anderes *Ich*, das gegen diese Studien ist, die Macht ergreift; dann sehen wir mit Erstaunen, dass die Person sich zurückzieht und sogar unser Feind wird.

Das *Ich*, das heute einer Frau ewige Liebe schwört, wird später von einem anderen *Ich* verdrängt, das nichts mit einem solchen Schwur zu tun hat, und dann wird die Frau enttäuscht.

Diesem *Ich* folgt automatisch ein anderes *Ich* und einige werden anscheinend immer von anderen begleitet, aber es gibt weder eine Ordnung noch ein System unter all diesen *Ichs*.

Jedes dieser *Ichs* glaubt in einem bestimmten Moment, das Ganze zu sein, aber es ist in Wirklichkeit nichts als ein winziger Teil unserer Funktionen, selbst wenn es den Eindruck hat, die Gesamtheit, die Realität, der vollständige Mensch zu sein.

Das Seltsame daran ist, dass wir dem *Ich* in einem Moment Glauben schenken, selbst wenn dieses *Ich* Momente später von einem anderen *Ich* verdrängt wird.

Das lunare Ego ist eine Summe von *Ichs*, die auf radikale Weise eliminiert werden müssen.

Es ist notwendig zu wissen, dass jeder der fünf Zylinder der Maschine seine eigenen Eigenschaften hat, die wir nie verwechseln sollten.

Bei den fünf Zentren der Maschine gibt es Unterschiede bezüglich der Geschwindigkeit.

Die Leute rühmen den Verstand sehr, aber in Wirklichkeit ist das intellektuelle Zentrum das langsamste.

Danach, wenn auch viel schneller, kommen das instinktive und das motorische Zentrum oder das der Bewegung, die mehr oder weniger die gleiche Geschwindigkeit haben.

Das schnellste von allen ist das sexuelle Zentrum, zusammen mit dem emotionalen Zentrum.

Es gibt einen großen Unterschied der Geschwindigkeiten zwischen den fünf Zentren der Maschine.

Indem wir uns selbst studieren und uns selbst beobachten, werden wir sofort bemerken, dass die Bewegung schneller ist als das Denken und dass die Emotionen schneller sind als jede Bewegung und jeder Gedanke.

Die motorischen und instinktiven Zentren sind dreißigtausend Mal schneller als das intellektuelle Zentrum.

Das emotionale Zentrum ist, wenn es in der Geschwindigkeit arbeitet, die ihm zu eigen ist, dreißigtausend Mal schneller als das motorische und instinktive Zentrum.

Die verschiedenen Zentren haben jeweils ihre eigene Geschwindigkeit. Die Geschwindigkeit der Zentren erklärt eine große Anzahl bekannter Phänomene, die die gewöhnliche Wissenschaft nicht erklären kann; es genügt, sich an die erstaunliche Geschwindigkeit bestimmter psychologischer, physiologischer und mentaler Prozesse zu erinnern.

Jedes Zentrum ist in zwei Teile geteilt: positiv und negativ; diese Teilung ist besonders deutlich beim intellektuellen und instinktiven Zentrum.

Die gesamte Arbeit des intellektuellen Zentrums ist in zwei Teile geteilt: Affirmation und Negation, Ja und Nein, These und Antithese.

Im instinktiven Zentrum gibt es den gleichen Kampf zwischen dem Angenehmen und dem Unangenehmen: angenehme Empfindungen, unangenehme Empfindungen, all diese Empfindungen sind verbunden mit den fünf Sinnen: sehen, hören, riechen, schmecken, tasten.

Im motorischen Zentrum oder Zentrum der Bewegung gibt es einen Kampf zwischen Bewegung und Ruhe.

Im emotionalen Zentrum gibt es angenehme und unangenehme Gefühle; Freude, Sympathie, Zuneigung, Selbstvertrauen, usw., sind positiv.

Unangenehme Gefühle wie Langeweile, Eifersucht, Neid, Wut, Reizbarkeit, Angst sind negativ.

Im sexuellen Zentrum gibt es Anziehung und Abstoßung, Keuschheit und Lüsternheit im ewigen Konflikt.

Das intellektuelle Tier opfert, wenn es notwendig ist, seine Freuden, ist aber unfähig, sein eigenes Leiden zu opfern.

Wer das vielfältige *Ich* auflösen will, muss seine eigenen Leiden opfern.

Eifersucht erzeugt Leid, wenn wir die Eifersucht vernichten, stirbt das Leid, das Leid wird geopfert.

Der Zorn verursacht Schmerz.

Wenn wir aufhören, zornig zu sein, opfern wir den Schmerz, wir zerstören ihn.

Es ist notwendig, sich von Moment zu Moment selbst zu beobachten; das vielfältige *Ich* arbeitet in jedem der fünf Zentren der Maschine.

Manchmal ist es ein *Ich* des emotionalen Zentrums, das mit Wut, Eifersucht oder Neid reagiert; manchmal greifen die Vorurteile und Verleumdungen des intellektuellen Zentrums mit ihrer ganzen Wucht an; andere Male führen die bösartigen falschen Gewohnheiten zum Scheitern, usw., usw., usw.

Jedes Zentrum hat neunundvierzig unterbewusste Regionen und in jeder dieser Regionen leben Millionen von *Ichs*, die wir durch tiefe Meditation entdecken müssen.

Wenn wir uns selbst entdecken, wenn wir uns der Aktivitäten des *Ichs* in den fünf Zentren der Maschine und in den neunundvierzig unterbewussten Regionen bewusst werden, dann erwecken wir das Bewusstsein.

Sich des gesamten Prozesses des *Ichs* in den fünf Zylindern der Maschine bewusst zu werden, bedeutet, sich des Unterbewusstseins bewusst zu werden.

Es ist unmöglich, die verschiedenen *Ichs* zu eliminieren, wenn wir sie nicht zuvor bewusst in den neunundvierzig unterbewussten Regionen verstanden haben.

Wir können mit Proserpina, der Königin der Unterwelten, arbeiten, indem wir *Ichs* eliminieren, vorausgesetzt, wir verstehen zuerst den Defekt, den wir ausmerzen wollen (siehe Kapitel acht).

Proserpina eliminiert nur die *Ichs*, die die Fehler verkörpern, die wir vollkommen verstanden haben. Es ist unmöglich, das Atma Vidya zu erreichen, ohne uns zuvor selbst kennengelernt zu haben.

Nose te ipsum: Mensch erkenne dich selbst und du wirst das Universum und die Götter kennen.

Die Aktivität der fünf Zylinder der Maschine in allen neunundvierzig Gebieten oder unterbewussten Regionen von Jaldabaoth zu kennen bedeutet, sich selbst zu erkennen, das Unterbewusstsein bewusst zu machen, sich selbst zu entdecken.

Wer hinaufgehen will, muss zuerst hinuntergehen, wer Atma Vidya will, muss zuerst in seine eigene atomare Unterwelt hinabsteigen; der Fehler vieler Studenten des Okkultismus ist, zuerst aufsteigen zu wollen, ohne zuvor abgestiegen zu sein.

Im Zusammenleben mit anderen Menschen zeigen sich spontan unsere Fehler, und wenn wir wach sind, entdecken wir, von welchem Zentrum sie stammen, und dann werden wir sie durch Meditation in jeder einzelnen der neunundvierzig unterbewussten Regionen entdecken.

Nur wenn das *Ich* vollkommen stirbt, erreichen wir das Atma Vidya, die absolute Erleuchtung.

Opfer

Das sattwische Opfer wird gemäß den göttlichen Geboten dargebracht, indem man sich auf das Ritual konzentriert, nur auf das Ritual, von Menschen, die kein Ergebnis erwarten.

Das rajasische Opfer besteht aus Versuchung und dem Begehren der Früchte.

Das tamasische Opfer richtet sich immer gegen die Gebote, ohne Glauben, ohne Mantrams, ohne Nächstenliebe gegenüber anderen, ohne Liebe zur Menschheit, ohne den Priestern, Gurus, usw., den heiligen Obolus anzubieten. Der dritte Faktor der Revolution des Bewusstseins ist das Opfer, aber das sattvische Opfer, ohne die Früchte der Tat zu begehren, ohne eine Belohnung zu wollen; das selbstlose Opfer, rein, aufrichtig, sein Leben geben, damit andere leben und ohne etwas dafür zu verlangen.

Der Leser sollte die Lektion über das Sternzeichen Jungfrau, Kapitel sechs, noch einmal studieren, damit er besser versteht, was die drei Gunen von Prakriti sind, genannt sattva, rajas und tamas.

Das Gesetz des solaren Logos ist Opfer. Er kreuzigt sich in der Morgendämmerung des Lebens in jeder neuen Welt, die aus dem Chaos hervorgeht, damit alle Wesen das Leben haben und damit sie es im Überfluss haben.

Jeder, der die zweite Geburt erreicht hat, muss sich für die Menschheit opfern, die Fackel hoch erheben, um anderen den Pfad zu lehren, der zum Licht führt.

Wer sich für die Menschheit opfert, erlangt die venusische Einweihung. Es ist dringend zu wissen, dass die venusische Einweihung die Inkarnation des Christus im Menschen ist. Wer den Christus in sich inkarniert, muss das ganze kosmische Drama erleben.

Die venusischen Einweihung hat sieben Stufen, sie beginnt mit dem Ereignis von Bethlehem und endet mit dem Tod und der Auferstehung des Herrn.

Wer die venusische Einweihung erreicht, verwandelt sich auch in einen Christus. Nur mit den drei Faktoren der Revolution des Bewusstseins gelangt man zur venusischen Einweihung.

Übung:

Das Zeichen des Wassermanns regiert die Waden.

Die Brasilianer nennen die Waden „barriga da perna“ (Bauch der Beine), und sie irren sich nicht, denn die Waden sind ein wunderbarer magnetischer Bauch.

Die Kräfte, die von der Erde aufsteigen, erreichen, nachdem sie den Filter der Füße durchlaufen haben, die Waden auf ihrem aufsteigenden Weg und dort treffen sie auf die Kräfte, die von oben, vom Himmel, von Uranus herabkommen.

Die aufsteigenden und absteigenden Kräfte magnetisieren die Waden sehr stark bei ihrer Begegnung; deshalb sind sie wirklich mit Erotik aufgeladen.

Jetzt wird uns klar, warum die intellektuellen Tiere sich von den wohlgeformten Waden der Frauen so angezogen fühlen.

Während des Sternzeichens Wassermann müssen die Schüler und Schülerinnen magnetische Bewegungen mit ihren beiden Händen von unten nach oben über die Waden machen, mit der Absicht, die Waden stark zu magnetisieren, mit dem Wunsch sie mit den besonderen Kräften der Konstellation des Wassermanns aufzuladen.

Diese magnetischen Bewegungen sollten mit folgendem Gebet kombiniert werden:

Gebet:

„Kraft fließe, Kraft fließe, Kraft fließe, dringe in meinen Organismus ein, steige auf, um dich mit deiner Schwester zu vereinigen, dem Strom, der von oben kommt, vom Himmel, von Uranus."

Uranus und Saturn sind die Planeten, die das Sternbild des Wassermanns regieren. Uranus ist ein vollkommen revolutionärer Planet und die Reaktionären, Konservativen, Regressiven und Nachzügler können ihn natürlich nicht verstehen.

Unter den Mineralien des Sternzeichens Wassermann fallen vor allem Uran und Blei auf. Der Stein des Zeichens Wassermann ist der Saphir, aber auch die schwarze Perle, die übrigens sehr schwer zu finden ist, aber nicht unmöglich.

Den Frauen des Zeichens Wassermann können wir nicht raten, jemals einen Stier-Mann zu heiraten, weil sie ihr ganzes Leben lang unglücklich sein werden.

Die Wassermann Geborenen haben eine große Neigung für Naturwissenschaften, Medizin, Chemie, Botanik, Astrologie, Biologie, Astronomie, usw., usw.

Die Wassermann Geborenen sind alle auf ihre Weise revolutionär in ihrem Leben, in ihren Gewohnheiten, in ihrem Haus, außerhalb ihres Hauses, usw., usw., usw.

Die Wassermann Geborenen erweisen sich als Paladine, einige im Großen, andere im Kleinen, aber alle haben eine ausgeprägte Neigung, Paladine zu sein.

Wassermann ist das Zeichen des Genies, wo Saturn, der Alte des Himmels, die Tiefe bringt, die ihn charakterisiert, und Uranus, der revolutionäre Planet, wirft seine Strahlen auf die menschliche Spezies.

Die Wassermann Geborenen des höheren Typs sind altruistisch, philanthropisch, freundlich, loyal in der Freundschaft, aufrichtig, sie wissen ihre Freunde instinktiv auszuwählen; durch Intuition kennen sie die Menschen und wollen immer Bruderschaft, Menschlichkeit.

Der Wassermann des niederen Typs ist von Natur aus misstrauisch, er liebt den übertriebenen Rückzug, und seine Intelligenz ist nur den Dingen der physischen Welt, seinen Problemen, seinen Angelegenheiten, allem Sinnlichen und Materiellen gewidmet.

Der höhere Typ des Wassermanns ist präzise in seinen Dingen, konzentriert, tiefgründig, ausdauernd, wunderbar.

Die Frauen des Zeichens Wassermann sind gute Ehefrauen, gute Mütter, aber sie mögen es, unterwegs zu sein, und das stört die Ehemänner sehr, besonders wenn sie dem Zeichen Stier angehören.

Fische

(18. Februar bis 20. März)

Wir sind bei der Mutter-Nacht der ägyptischen Kosmologie angekommen, dem tiefen Ozean der Fische, der grenzenlosen einweihenden Finsternis des absoluten abstrakten Raumes; das erste Element des Abgrunds, wo die Undinen das Gold des Rheins oder das Feuer des göttlichen und schöpferischen Gedankens bewachen.

Das Zeichen Fische wird durch zwei Fische symbolisiert; der Fisch ist das Soma der Geheimnisse der Isis.

Der Fisch ist das lebende Symbol des primitiven gnostischen Christentums.

Die beiden Fische dieses Zeichens, die durch ein Band verbunden sind, haben eine tiefe gnostische Bedeutung, sie repräsentieren die zwei Seelen der ursprünglichen Elohim, die in den tiefen Wassern der Mutter-Nacht versunken sind.

Wir haben bereits in vorherigen Kapiteln erklärt, dass der Innerste, das Sein, Atman, zwei Seelen hat: eine weibliche, eine männliche. Wir haben bereits erklärt, dass die spirituelle Seele, Buddhi, weiblich ist.

Wir haben es bereits gesagt und wiederholen es erneut, dass die menschliche Seele, das höhere Manas, männlich ist.

Das heilige Paar, das göttliche ewige Ehepaar, wird immer durch zwei Fische symbolisiert, die durch ein Band verbunden sind; letzteres ist das Sein, Atman.

Das heilige Paar, die beiden ewigen Fische, arbeiten in Wassern des Abgrundes, wenn die Morgenröte des Mahamanvantara beginnt. Die beiden unbeschreiblichen Fische arbeiten unter der Leitung von Atman, wenn die Stunde der Morgenröte der Schöpfung beginnt.

Aber es ist gut, sich daran zu erinnern, dass Isis und Osiris niemals am großen Werk arbeiten könnten, ohne das berühmte Quecksilber der geheimen Philosophie.

In diesem sexuellen Quecksilber befindet sich der Schlüssel aller Macht.

Ein Kreis mit einer vertikalen Linie ist in der hieratischen Symbolik die heiligste Vereinigung des ewigen Weiblichen mit dem ewigen Männlichen; die Integration der Gegensätze in der essenziellen, unbeschreiblichen und göttlichen Monade.

Aus der großen kosmischen Mutter entsteht die Monade, das Sein. Aus dem großen Ozean erheben sich die Elohim, um in der Morgendämmerung des Mahamanvantara zu arbeiten.

Das Wasser ist das weibliche Element alles Erschaffenen, aus dem die *mater latina* stammt und der Buchstabe M, schrecklich göttlich.

Im gnostischen Christentum ist Maria dieselbe Isis, die Mutter des Kosmos, die ewige kosmische Mutter, die tiefen Wasser des Abgrunds.

Das Wort Maria ist in zwei Silben unterteilt; die erste ist *Mar*, was uns an den tiefen Ozean der Fische erinnert.

Die zweite ist *ia*, was eine Variante von Io ist (iiiiiioooo), der erhabene Name der kosmischen Mutter, der Kreis des Nichts, woher alles stammt und wohin alles zurückkehrt; das Eine, das einzige Eine des manifestierten Universums, nach der Nacht des großen Pralaya oder der Vernichtung.

Nachdem die höheren Wasser von den niederen getrennt wurden, erschien das Licht, das heißt, das beseelende Wort des Kosmos, der Sohn, erwachte zum Leben, und dieses Leben nahm als übertragendes Element die Sonne, die sich im Zentrum unseres Sonnensystems befindet, wie das Herz in unserem Organismus.

Die fruchtbaren Schwingungen der Sonne sind in Wirklichkeit das lebendige elementale Feuer, das sich in der Mitte jedes Planeten kondensiert und sich in das Herz jedes dieser Planeten verwandelt.

All dieses Licht, all dieses Leben, wird durch die sieben Geister vor dem Thron im Herzenstempel jedes der sieben Planeten des Sonnensystems repräsentiert.

Die Arbeit, die Wasser von den Wassern zu trennen obliegt dem heiligen Paar. Jeder der sieben Geister vor dem Thron entfaltete aus sich das heilige Paar Fische, damit es in der Morgenröte der Schöpfung mit der Macht von Kriya Shakti, der Macht des verlorenen Wortes, der Macht des Willens und des Yoga arbeite.

Die Liebe der Liebe, die mystische Leidenschaft des letzten Feuers zwischen dem ewigen Ehemann und der göttlichen Ehefrau ist unerlässlich, um die höheren Wasser von den niederen Wassern zu trennen.

In dieser Arbeit existiert die transzendentale Maithuna, Kriya Shakti, das schöpferische Wort. Er steuert das Feuer bei und sie transmutiert die Wasser und trennt die höheren von den niederen.

Die beiden Fische projizieren dann dieses Feuer und dieses höhere transmutierte Wasser auf die Wasser des Chaos, auf die kosmische Materie oder die Materie für die Welten, auf die schlafenden Keime der Existenz, und das Leben entsteht.

All diese Arbeit wird mithilfe des Wortes, des Willens und des Yoga vollbracht. Am Anfang ist das Universum subtil, danach wird es materiell und durchläuft aufeinanderfolgende Phasen der zunehmenden Kristallisation. Es gibt Millionen von Universen im unendlichen Raum im Schoß der kosmischen Mutter.

Einige Universen verlassen gerade das Pralaya, gehen aus den tiefen Wassern der Fische hervor, andere sind auf der Höhe ihrer Aktivität, andere lösen sich in den ewigen Wassern auf.

Isis und Osiris können nichts ohne das sexuelle Quecksilber bewirken; die zwei ewigen Fische, sie lieben sich, sie verehren sich und sie erschaffen ständig und immer von Neuem.

Der Fisch ist das heiligste Symbol der frühchristlichen Gnosis.

Es ist schade, dass Tausende von Schüler des Okkultismus die Gnosis des Fisches vergessen haben.

Auf unserem Planeten Erde leben sieben Menschheiten mit physischen Körpern und von diesen Sieben ist unsere die Letzte, die einzige die gescheitert ist, weil sie die Gnosis verloren hat.

Die anderen sechs Menschheiten leben im Jinas-Zustand, in der vierten Dimension, im Inneren der Erde, in vielen Jinas-Gebieten und Jinas-Regionen.

Das Fischzeitalter hätte nicht der Misserfolg sein müssen, der es wirklich war. Die Ursache des Versagens des Fischzeitalters ist auf gewisse finstere Elemente zurückzuführen, die die Gnosis verrieten und bestimmte agnostische oder antignostische Lehren predigten, die den Fisch herabsetzten, die Weisheits-Religion ablehnten und die Menschheit in den Materialismus stürzten.

Erinnern wir uns an Lucius, der in der Stadt Hypata ankommt und im Haus von Milo wohnt, dessen Frau Pamphile eine bösartige Hexe ist.

Kurz danach geht Lucius hinaus, um Fisch zu kaufen (*ictius*, Symbol des entstehenden gnostischen Christentums, der Fisch, Soma, der Mysterien der Isis).

Die Fischer verkaufen ihm den Fisch, den sie vorher für hundert Nummen verkaufen wollten, für unglückliche zwanzig Denare und mit einer schrecklichen Geringschätzung; eine schreckliche Satire, in der die größte Verachtung für das gerade aufkeimende und schon eingebildete gnostische Christentum versteckt ist.

Das Ergebnis des agnostischen oder antignostischen Christentums war die marxistische materialistische Dialektik. Die Reaktion auf den Agnostizismus war der widerliche Materialismus ohne Gott und ohne Gesetz.

Es ist sicher, dass das Fischzeitalter wegen des Agnostizismus gescheitert ist. Der Verrat an der Gnosis war das schwerste Verbrechen des Fischzeitalters.

Jesus der Christus und seine zwölf Fischer leiteten ein Zeitalter ein, das von großer Pracht hätte sein können.

Jesus und seine zwölf gnostischen Apostel zeigten den genauen Weg für das Fischzeitalter, den Gnostizismus und die Weisheit des Fisches.

Es ist bedauerlich, dass alle heiligen Bücher der heiligen Gnosis verbrannt wurden und dass das heilige Symbol des Fisches vergessen wurde.

Übung:

Während des Sternzeichens Fische sollte man eine Stunde pro Tag vokalisieren.

Erinnern wir uns, dass am Anfang das Wort war, und das Wort war bei Gott, und das Wort war Gott.

In den alten Zeiten ertönten die sieben Vokale der Natur im gesamten menschlichen Organismus, vom Kopf bis zu den Füßen, und jetzt ist es notwendig, die sieben Noten in dieser wunderbaren Harfe unseres Organismus wiederherstellen, um die verlorenen Fähigkeiten wieder zu entwickeln.

Der Vokal „I“ lässt die Zirbeldrüse und die Hypophyse vibrieren; diese zwei kleinen Drüsen im Kopf sind durch einen sehr dünnen feinen Kanal verbunden, der in Leichnamen schon verschwunden ist.

Die Zirbeldrüse befindet sich im vorderen Teil des Gehirns und die Hypophyse zwischen den Augenbrauen.

Jede dieser beiden kleinen Drüsen hat ihre vitale Aura, und wenn die beiden Auren sich vermischen, entwickelt sich der räumliche Sinn und wir sehen das *Ultra* aller Dinge.

Der Vokal „E“ lässt die Schilddrüse schwingen, die das biologische Jod absondert.

Diese Drüse befindet sich im Hals und in ihr sitzt das Chakra des magischen Gehörs.

Der Vokal „O“ lässt das Herzchakra vibrieren, das Zentrum der Intuition und aller Arten von Kräften, um im Astral-, Jinas-Zustand, usw., zu reisen.

Der Vokal „U“ lässt den Solarplexus vibrieren, der sich im Bereich des Nabels befindet.

Dieser Solarplexus ist das telepathische Zentrum und das emotionale Gehirn.

Der Vokal „A“ lässt das Lungen-Chakra vibrieren, das uns erlaubt, uns an unsere vergangenen Leben zu erinnern.

Der Vokal „M“, profanerweise als Konsonant angesehen, wird mit geschlossenen Lippen gesprochen, ohne den Mund zu öffnen, der Ton, der durch die Nase herauskommt, ist das „M“.

Der Vokal „M“ lässt das *ens seminis* vibrieren, die Wasser des Lebens, das Quecksilber der geheimen Philosophie.

Der Vokal „S“ ist ein sanftes Zischen, das das Feuer in uns vibrieren lässt.

In einem bequemen Sessel sitzend, müssen wir I. E. O. U. A. M. S. Vokalisieren und den Klang jedes dieser sieben Vokale vom Kopf bis zu den Füßen bringen.

Es ist notwendig einzuatmen und dann die Luft zusammen mit dem verlängerten Ton oder Vokal auszuatmen, bis die Luft verbraucht ist. Diese Übung sollte man täglich ausführen, um die inneren magischen Kräfte zu entwickeln.

Fische werden von Neptun regiert, dem Planeten des praktischen Okkultismus und vom donnernden Jupiter, dem Vater der Götter. Das Metall des Sternzeichens Fische ist das Zinn von Jupiter; die Steine sind Amethyst und Koralle.

Fische regiert die Füße. Die Fische Geborenen haben normalerweise zwei Ehefrauen und mehrere Kinder. Sie sind von doppelter Natur und haben eine Disposition für zwei Berufe oder Tätigkeiten.

Die Fische Geborenen sind sehr schwer zu verstehen, sie leben wie Fische, in allem, aber durch das flüssige Element von allem getrennt.

Sie passen sich allem an, aber im Grunde verachten sie alle Dinge der Welt. Sie sind außerordentlich empfindsam, intuitiv, tiefgründig und die Menschen können sie nicht verstehen.

Die Fische Geborenen haben eine große Neigung zum Okkultismus, denn Fische wird von Neptun, dem Planeten der Esoterik, regiert. Die Frauen des Zeichens Fische sind sehr nervös, empfindlich wie eine zarte Blume, intuitiv, leicht zu beeindrucken.

Die Fische sind von Natur aus gesellig, fröhlich, friedlich, gastfreundlich.

Die Gefahr der Fische besteht darin, in Faulheit, Nachlässigkeit, Passivität und Gleichgültigkeit gegenüber dem Leben zu verfallen.

Es kann bei den Fischen bis zu einem Mangel an moralischer Verantwortung gehen.

Der Verstand der Fische schwankt zwischen einerseits schnellem und verhängnisvollem Verständnis und andererseits Faulheit und Verachtung für die lebensnotwendigen Dinge.

Es sind zwei Extreme und sie fallen plötzlich von einem Extrem ins andere.

Die Willenskraft der Fische ist manchmal stark, aber wechselhaft zu anderen Zeiten.

Wenn die Fische in Gleichgültigkeit und extreme Passivität verfallen, lassen sie sich von Fluss des Lebens mitreißen, aber wenn sie die Tragweite ihres Verhaltens sehen, bringen sie ihren Willen aus Stahl ins Spiel und verändern radikal die gesamte Richtung ihrer Existenz.

Fische der höheren Art sind zu hundert Prozent Gnostiker, besitzen einen unbeugsamen Willen aus Stahl und ein hohes moralisches Verantwortungsgefühl.

Die höhere Art der Fische bringt große Erleuchtete, Meister, Avatare, Könige, Eingeweihte, usw. usw., Hervor. Die niedrigere Art der Fische hat eine ausgeprägte Neigung zu Lüsternheit, Alkoholismus, Völlerei, Faulheit, Stolz.

Den Fischen gefällt es zu reisen, aber nicht alle können reisen. Die Fische haben eine große Vorstellungskraft und eine enorme Sensibilität.

Es ist sehr schwierig die Fische zu verstehen, nur Fische können die Fische verstehen.

Alles, was für normale Leute von großer Wichtigkeit ist, hat für die Fische keinen Wert, aber sie sind diplomatisch, sie passen sich den Leuten an, geben vor, mit ihnen übereinzustimmen.

Das Schwierigste für die Fische Geborenen ist es, sich in der ehelichen Frage zu definieren, weil fast immer zwei große Lieben sie in eine Sackgasse bringen.

Der höhere Typ Fische transzendiert diese Schwächen bereits und ist absolut keusch.

Im Allgemeinen leiden die Fische sehr häufig in ihren frühen Jahren durch die Familie. Es ist schwierig, einen Fisch zu finden, der in seinen ersten Jahren mit der Familie glücklich war.

Die sehr niedere Art der Fischefrauen fällt in Prostitution und Alkoholismus.

Der höhere Typ der Fischefrauen fällt niemals so tief, sie sind wie eine sehr zarte Blume, wie eine schöne Lotosblume.

Astrologische Magie

Der Leser sollte wissen, dass es möglich ist, mit den "Genien" oder "Regenten" der sieben Hauptplaneten astrologisch zu arbeiten.

Dazu präsentieren wir die Eigenschaften, die jeder Regent besitzt, in Bezug auf die Schwingung der planetarischen Masse, die er regiert:

Eigenschaften, die jedem Kosmokrator entsprechen:

Gabriel: Er ist verbunden mit Vorstellungskraft, Automatismen, Unterbewusstsein, Fortpflanzung der Arten, Reisen, Kunsthandwerk, praktische Künste; Geschäfte im Zusammenhang mit flüssigen Produkten, Mutterschaft, Landwirtschaft, Magen- und Hirnkrankheiten.

Raphael: Er ist verbunden mit Verstand und Rationalismus; Rechtsstreitigkeiten, zivilrechtliche Angelegenheiten, Anwaltstätigkeiten, Wissenschaft, alles, was mit dem Intellekt zu tun hat; medizinische Wissenschaft, Genesung, Journalismus, alle Arten von Angelegenheiten im Zusammenhang mit dem Verstand.

Uriel: Er ist verbunden mit der künstlerischen kreativen Vorstellungskraft; Dramen, Komödien, Tragödien, Bühnenkunst, Liebesangelegenheiten, eheliche Probleme, Verlobungsangelegenheiten; alles, was mit dem Zuhause und mit den Kindern zu tun. Parfüm, Musik, Poesie.

Michael: Er ist verbunden mit Gesundheit, Leben, Fruchtbarkeit, hohen Würdenträgern der Regierung, Unternehmensleitern, Königen und Befehlshabern. Mystische Angelegenheiten, soziale Stellungen, usw.

Samael: Er ist verbunden mit Willen, Befehlsgewalt, Armeen, Kriegen, Chirurgie, Kraft und Kräfte; Fälle, die Kämpfe zur Folge haben, militärische Angelegenheiten, polizeiliche Angelegenheiten, Streit, Anführer, Arbeiten, die mit Banknoten und Münzen zu tun haben. Angelegenheiten im Zusammenhang mit Richtern und Gerichten.

Zachariel: Er ist verbunden mit Reichtum, Armut, günstigen wirtschaftlichen Angelegenheiten, Gesetzen, Menschenrechten, hohen religiösen Würdenträgern, Richtern; Angelegenheiten, die mit dem Gesetz, hohen militärischen, zivilen und kirchlichen Machthabern zu tun haben.

Orifiel: Er ist verbunden mit der Umwelt, in der wir leben, mit dem praktischen Leben, dem Karma in Aktion, dem Schwert der Gerechtigkeit, das uns vom Himmel erreicht; Angelegenheiten, die mit Grundeigentum zu tun haben, Ländereien, Häusern, Immobilien, Gefängnissen, Todesfällen und Minen.

In diesem Sinne bieten wir dem Leser einen astrologischen Zeitplan, der uns ermöglicht zu wissen, welcher Planet und Genius uns sowohl alle drei Stunden, als auch alle sechs Stunden und jeden Tag regiert; wir geben der Regentschaft der 3 Stunden den Vorrang.

Jeder Engel beginnt bei Sonnenaufgang zu regieren und die Regentschaft wechselt in der folgenden Reihenfolge: Gabriel, Rafael, Uriel, Michael, Samael, Zachariel und Orifiel. Auf diese Weise haben wir zu einem bestimmten Zeitpunkt den Einfluss von 3 Engeln: der Engel, der den Tag regiert, der Engel, der alle sechs Stunden regiert, und "vorrangig" der Engel, der alle 3 Stunden regiert.

Wir stellen außerdem klar, dass der astrologische Tag mit der "Morgenröte" (Sonnenaufgang) beginnt und nach 24 Stunden endet, d. h. zwischen 03:00 und 06:00 Uhr morgens des nächsten Tages in Bezug auf den Herrscher der 3 Stunden.

All diese astrologische Magie kann auch durch das Lesen anderer Werke von V.M. Samael (wie zum Beispiel: „Anleitung der praktischen Magie") gelernt werden. Wir möchten den Leser auch informieren, dass in den vergangenen Jahrhunderten mehrere katholische Päpste, Feinde der Astrologie, die ursprüngliche Reihenfolge der Wochentage geändert haben. Zu diesen Päpsten zählt Papst Damasus.